计算与点钞技能

刘彩珍／主编 ■

JISUAN
YU DIANCHAO JINENG

第五版

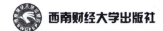
西南财经大学出版社

图书在版编目(CIP)数据

计算与点钞技能/刘彩珍主编 . — 5 版 . —成都:西南财经大学出版社,
2015.8(2016.9 重印)
ISBN 978 – 7 – 5504 – 2124 – 0

Ⅰ.①计… Ⅱ.①刘… Ⅲ.①银行业务—高等职业教育—教材
Ⅳ.①F830.4

中国版本图书馆 CIP 数据核字(2015)第 185302 号

计算与点钞技能(第五版)

刘彩珍 主编

责任编辑:李 筱
封面设计:墨创文化
责任印制:封俊川

出版发行	西南财经大学出版社(四川省成都市光华村街55号)
网 址	http://www.bookcj.com
电子邮件	bookcj@foxmail.com
邮政编码	610074
电 话	028 – 87353785 87352368
照 排	四川胜翔数码印务设计有限公司
印 刷	郫县犀浦印刷厂
成品尺寸	170mm×240mm
印 张	13.25
字 数	250 千字
版 次	2015 年 8 月第 5 版
印 次	2016 年 9 月第 2 次印刷
印 数	2001— 5000 册
书 号	ISBN 978 – 7 – 5504 – 2124 – 0
定 价	25.00 元

目 录

第一章　概述 ……………………………………………………… （1）
　　第一节　珠算的价值与影响 …………………………… （1）
　　第二节　珠算的基本知识 ……………………………… （5）

第二章　数字的书写 ……………………………………………… （19）
　　第一节　阿拉伯数字的书写 …………………………… （19）
　　第二节　汉字大写数字的书写 ………………………… （23）

第三章　珠算基本加减法 ………………………………………… （27）
　　第一节　传统的加减法 ………………………………… （27）
　　第二节　无诀加减法 …………………………………… （34）
　　第三节　验算与查错 …………………………………… （40）
　　第四节　加减法练习中应注意的几个问题 …………… （44）
　　第五节　基本加减法的练习方式和方法 ……………… （45）

第四章　简捷加减法 ……………………………………………… （49）
　　第一节　借减法 ………………………………………… （49）
　　第二节　凑整加减法 …………………………………… （52）
　　第三节　一目多行加减法 ……………………………… （53）

第五章　传票算与账表算 ………………………………………… （68）
　　第一节　传票算 ………………………………………… （68）
　　第二节　账表算 ………………………………………… （73）

第六章　珠算基本乘法 …………………………………………… （78）
　　第一节　乘法口诀 ……………………………………… （78）
　　第二节　积的定位法 …………………………………… （79）
　　第三节　破头乘法 ……………………………………… （85）
　　第四节　空盘前乘法 …………………………………… （90）

第七章　简捷乘法 ………………………………………………… （95）
　　第一节　定身乘法 ……………………………………… （95）
　　第二节　倍数乘法 ……………………………………… （97）
　　第三节　补数乘法 ……………………………………… （102）
　　第四节　省乘法 ………………………………………… （106）

目 录

第八章　珠算基本除法 ································ （109）

　第一节　商的定位法 ······························· （109）

　第二节　商除法 ···································· （113）

　第三节　改商除法 ································· （122）

第九章　简捷除法 ································· （128）

　第一节　定身除法 ································· （128）

　第二节　倍数除法 ································· （130）

　第三节　补数除法 ································· （132）

　第四节　省除法 ···································· （137）

第十章　珠算计息 ································· （140）

　第一节　计算利息的一般常识 ····················· （140）

　第二节　珠算计息 ································· （142）

第十一章　点钞的基本方法 ························· （154）

　第一节　点钞的基本要求 ························· （154）

　第二节　钞票的平摊整理和捆扎 ··················· （155）

　第三节　手工点钞法 ····························· （156）

　第四节　机器点钞 ································· （165）

　第五节　人民币真假票币的鉴别技术 ··············· （166）

附录一　中国珠算大事记 ··························· （175）

附录二　全国珠算技术等级鉴定模拟题 ············· （180）

附录三　全国珠算技术比赛标准模拟题 ············· （194）

后记 ··· （207）

第一章
概述

　　珠算是我国劳动人民创造的传统计算技术。从它诞生时起，就为人们所运用，在漫长的历史洪流中发挥着重要的作用。它是一门古老而年青的科学技术，说它古老，是因为我国的算盘是在古代"算筹""游珠算盘"的基础上逐渐演变而来的。据现有史料推断，在 10 世纪宋代，就已出现了我们现在使用的算盘。说它年青，是因为在现代，它在国内外得到广泛的运用，并深入研究，它的内涵十分丰富，它的功能还有待于进一步开发和运用，它的未来有广阔的前景。

第一节　珠算的价值与影响

一、珠算的丰富内涵

　　珠算有科学的概念，独特的工具，独特的计算方法与技术，内涵十分丰富，是一门独特的科学技术。

　　（一）珠码

　　1. 用算珠聚集表码

　　（1）数码：它以十进制来计数，通常用 0、1、2、4、5、6、7、8、9 十个阿拉伯数码（简称数码）来表示基数。

　　（2）珠码：珠算中用算珠表示这十个基数称为珠码，珠码有其丰富的内涵。①由同一元素（算珠）聚集而生成十个数码；②珠码间的增减变化，是通过算珠聚集个数的增减变化而成；③采用五升制，只用五颗算珠就可衍生出十个数码。五升制的珠算盘无论在保证准确性或速度上都达到了较好的水平。

　　（3）自动得数：由于珠码的构成特点，使拨入数与计算合二为一，如向梁先拨 1 珠，再拨 2 珠，自动呈现和的珠码 3 就算出了 $1 + 2 = 3$。

2. 珠码节省空间位置

（1）一档能表示十个码：十个珠码只占一个位置＝一档；十个数码却要占十个空间位置。

（2）一档能表示出小于十的和数及其各加数，如 4＋2＝6，只用一档即可；而笔写数码需占 3 个位置（若计加号等号共需 5 个）。

（二）算盘

算盘是由算珠系统构成的计算工具，它具有独特的运算体系与其他功能，是任何其他算具所不能取代的。

1. 算盘的特点

（1）算盘结构简单，坚固耐用，携带方便，算盘由框、梁、档、珠四部分构成，但它却能够用来进行加、减、乘、除、乘方、开方等运算。尤其是用算盘运算占社会计算量80%以上的加减法，使用之便利，计算之迅速，是其他算具望尘莫及的。

（2）算盘由算珠来代表数，形象直观。算珠由上、下珠组成码，3 档一节，若干组成盘，层次鲜明，系统完整，所用字码容易领会，它是形象直观的运算体系，较之数字计算，有许多优点。

（3）五升十进，自成体系。算盘中以珠表示数，算珠拨入即加，拨出即减，珠动而数出，算盘中上珠当5，使"十进制"又加入一个"五升制"，互相配合，相得益彰。

（4）档次分明，位数不限。珠算档次分明，不同的档表示不同的数位，计算时选定一档为单位档，一个数每左移一档，数值就扩大十倍，每右移一档，数值就缩小到它的十分之一，整数、小数、大小均可表示，位数不限。

（5）设计合理，操作方便。珠算是用手指拨珠进行计算的，在不同的拨珠指法中，手指拨珠有严格的分工。人们用手操作算盘的构造和拨珠方法都很科学。

2. 在算盘上算珠移动灵活

算珠在算盘上有三个位置：靠梁、靠框和悬着（即不靠梁，也不靠框）。因此，同一颗算珠，仅因其位置不同就有三种含义，对算珠的拨动又有三种状态：不拨、上拨及下拨。

3. 算盘有二元示数的功能

在算盘上拨珠靠梁表示一个数时，靠框的算珠也能表示另一个数。二元示数为算盘独有。其他任何算具都没有这种功能。

（三）珠算

运用算珠系统的科学技术，运用算盘进行加、减、乘、除等计算方法，叫作珠算。珠算可以利用算珠在不同档位上计算，可以做正、负数的运算。因此，只要掌握了算珠在不同档位上的运算法则，就掌握了数值运算的普遍规律。

1. 珠算方法简便灵活

（1）珠算的加减法简便灵活。由于珠算的拨入与计算的统一，使运算简便迅速，特别是加减极其方便。因为做加减计算，指拨目睹，珠动数出，又是从高位算起，和读数顺序一致，所以珠算在加减计算中的优越性，是包括电子计算器在内的任何其他算具都无法相比的。

（2）珠算的加法与减法，乘法与除法互逆相伴。由于珠算的"五升十进"和其他计算特点，使加法和减法的逆运算关系在一定的条件下混合使用，学习珠算加法的同时就学会了减法。另外，珠算除法均是采用的从实数和实余数中乘减商数乘以法数积的方法，因此，学会了珠算乘法，就为珠算除法的学习和掌握奠定了基础。

2. 珠算具有独特的运算程序

珠算加减法，就是选对应的珠码往算盘上拼数，其运算程序是：从左到右——拨入对应的珠码。珠算乘除法，比珠算加减法多了一个化乘除为加减的程序步骤，这一步骤可以用乘法"九九"口诀，也可用其他方法，在这步骤之后的运算程序，是对"化"出来的乘积进行加减。即乘除法是通过一定的程序步骤归结为加减法的。

3. 并行算法

并行性是指两个或两个以上的事件在同一时刻发生或在同一时间间隔内发生。在珠算中，用二指或三指联合拨珠，两手同时打算盘，就是并行算法。珠算过程中的并行算法，主要有用双手打算盘、珠算与心算并行（如一目多行加减法）等。

二、珠算的价值

珠算的价值既决定于社会生产、科学发展的需要，也与珠算本身的开发研究成果和普及推广应用活动有关。

（一）珠算的实用价值

1. 珠算的应用范围广泛。由于珠算自身的特点和优点，在城乡的工、农、商企业、交通运输、银行税务系统，以及部队、机关、学校等各行各业都离不开珠算。应用珠算范围之广，使用算盘人数之多，是任何计算工具都无法比拟的。

2. 珠算有显著的教育功能。中外教育实践经验证明，用算盘作教具，有利于培养人的数的概念、珠算与口算、笔算结合，动手、动脑、动口，有利于发展思维能力。运用算盘启蒙识数教育，开展"三算结合"教学教育，对提高学习质量效果"显著"。目前，我国正规学校培训珠算技术人才的有财经类大专学校、中专、职业学校、职工大学等。

3. 珠算活动有长远的积极意义。为了普及和提高珠算技术，珠算协会开展了珠算技术等级鉴定和竞赛等项活动。

珠算技术等级鉴定，就是定期举行珠算技术考核，在限定的时间里完成加、减、乘、除各项目题目，根据做对的题目数，按统一的标准定出珠算技术等级，发给等级合格证。这项活动对于人的办事准确、敏捷、进取精神等素质的培养都有很好的作用。

珠算技术竞赛，除了和等级鉴定有相似作用外，在珠算技术提高上有巨大的推动力。此外，珠算技术竞赛还有巨大的宣传作用，短短的几天比赛活动，通过电视、报纸使千百万人了解珠算的概况，加深了对珠算的理解，起到了增进友谊的作用。

(二) 珠算的理论价值

1. 以珠算为基础，可以建立起较优越的中算数学教学系统，在珠码基础上建立起的算法和数学教学体系，称为中算数学教学体系。由珠码、珠算繁衍出的数学教学体系比起数码、笔算具有更显著的特点和优点。

2. 珠算与电脑相得益彰。电脑的基本原理与珠算一致，电脑与珠算在某些方法和技巧上可以相互对应。可以说珠算是形象化的电脑，若在珠算理论与应用方面有所深化，必将震撼电脑世界。

3. 珠算对思维科学研究有着重要意义。珠算的许多方面属于思维科学研究的范围，人脑是思维的器官，珠算是由大脑直接指挥手来操作的，打算盘能使人集中精力，增强毅力和耐力。手指拨珠，脑中思维计算，脑越用越灵。同时，珠算能启发人的思维，进一步发展人的思维。

4. 珠算对人体科学研究有着重要意义。人体科学是研究人体（除思维之外）的功能，研究如何保护人体的功能，并进一步发展人体潜在的功能，发挥人的潜力。在珠算过程中，要求眼、耳、手、体与算盘、纸笔等密切配合，以求得最佳效果。可以说，珠算是"人—珠工程"，是一门人体科学应用技术。

5. 珠算丰富了竞赛学的内容。运动竞赛是体力和速度的竞赛，棋类竞赛是脑力的竞赛，而珠算竞赛则是介于二者之间的竞赛，它是一种很有特色的竞赛，它既符合一般竞赛的规律，又有独立性，它的技能技巧可以直接用于实际计算工作，提高工作效益，除了产生社会效益外，还能产生经济效益。

三、我国珠算的深远影响

珠算的深远影响不只限于国内，而可以说是世界性的。我国算盘从 16 世纪开始，先后传入日本、朝鲜及东南亚各国。近几年，又传入美国、巴西、墨西哥、加拿大、印度等国。

日本的电子计算器相当普遍，产量也很大，但他们仍然比较重视珠算。

全国有十几个大型珠算学术团体，有几十种珠算刊物，广泛开展珠算竞赛和珠算技术等级鉴定。此外，全国约有五万所珠算补习学校，还派出教师到世界上的许多国家去传授珠算。

美国是发明电子计算器的故乡，电子计算器的使用也相当普遍，他们在教学中总结出即便是电子计算机时代也还是需要基础数学知识的，而算盘在其漫长的历史中，证明了它的基础概念是会永久持续下去的经验。他们把珠算当作"新文化"引入美国作为研究课题，并加以运用。

此外，珠算在世界上的其他许多国家中都有很大的影响。在巴西，不少学校逐渐普及珠算教育，一些高等商业学校也将珠算纳入教学课程，社会上都在扩大使用珠算。墨西哥自 1977 年即建立了普及珠算的体系。汤加国王更亲自给国民讲课，普及珠算教育。近年来，中外的珠算界学术交流和友好往来日益频繁，增进了相互了解和友谊。根据《中、日、美三国珠算组织友好协议书》的协议，有关方面将筹建国际珠算组织——国际珠算联合会，把珠算技术推向全世界。随着对珠算研究的深入和珠算活动的开展，其影响将会遍及全世界。

第二节　珠算的基本知识

5

一、算盘的结构和记数法

（一）算盘的结构

算盘呈长方形，一般由以下四个部分组成：

1. 框：算盘周围四边连接的长方形框架，亦称边。四个边分别称为上边、下边、左边、右边。

2. 梁：连接算盘左右边位于框中间偏上的横木叫"梁"。梁上每隔三档设有一圆点叫"计位点"。

3. 档：穿过横梁连接算盘上下边的若干细长杆叫"档"。一般使用的算盘有 15 档、17 档、21 档等。档数一般都是单数。

4. 算珠：穿在算盘档上的珠子。梁上面的算珠叫"上珠"，梁下边的算珠叫"下珠"。

有些算盘还有清盘器。算盘的种类很多，它的大小不同，档位和算珠的多少也不一样。本书这里只介绍浙式算盘和菱珠小算盘两种。浙式算盘：菱珠、上珠一、下珠四，它是介于圆珠大算盘和菱珠小算盘之间的一种算盘（图1-1）；菱珠小算盘：菱珠、上珠一、下珠四，它与浙式算盘相比，体积要小，算珠要小，算珠与梁所间隔的距离要短（图1-2）。

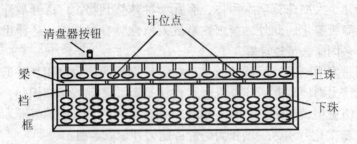

图 1-1　浙式算盘

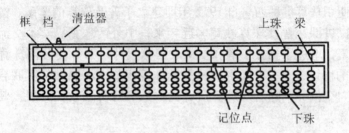

图 1-2　菱珠小算盘

（二）算盘的记数法

算盘是用算珠记数的，用靠梁的算珠结合档位表示相应的数值。

1. 数的组成。每颗上珠表示"5"，每颗下珠表示"1"。"1—4"分别用一至四颗下珠表示，"5"用一颗上珠组成；"0"则用空档（即上、下珠全部离梁）表示。

2. 档的作用。用珠算记数，只代表数码，没有确切的数值，当确定数位后，靠梁的算珠才有明确的数值。"档"就是确定数位的，运算时应结合梁上的计位点来确定个位档，数位的顺序与笔算相同。高位在左，低位在右，每隔一档相差十倍。

3. 清盘。在运算前，首先要使算珠都离梁靠边叫"清盘"。清盘的快慢，将影响整个运算速度。现在的浙式算盘和菱珠小算盘都已装置"清盘器"，只要用手按算盘上边的按钮就可以清盘。没有装置清盘器的算盘，可用拇指和食指合拢（拇指在下，食指在上），沿着横梁从左到右（或从右到左）迅速移动，利用手指对靠近横梁两旁算珠的推力把算珠弹靠边框。

4. 记数。记数就是把要表示的数值按位拨珠靠梁，将数字拨在算盘上的动作叫作"置数"或称"布数"。

二、基础数

(一) 补数和齐数

如果两个数的和是 10、100、1,000 等 10 的乘方数（10 的整数次幂），这两个数就互为"补数"。

一个数与它的补数之和叫该数的"齐数"。求其补数的某数叫"原数"或"本数"。某数是几位数，它的齐数就是 10 的几次幂。如 8 的补数是 2，它的齐数是 10；58 的补数是 42，它的齐数是 100 等。

为了保证一数和其补数的一一对应关系（保证唯一性），特规定：某数是几位，它的补数也是几位，若补数的有效数字前有空位，用零补齐。如 96 的补数是 04；992 的补数是 008；而 7 的补数是 3。依此类推。

(二) 强数和填数

位数相同，比某数的首位数字大 1，后边是若干"0"的数，叫某数的"强数"。某数的强数与该数的差，叫该数的"填数"。一个数的填数也可以看成是该数尾数的补数。如 479、486、407、499 等首数字是 4 的三位数，它的强数是 500，它的填数分别是 21、14、93、01。

首数字是 9 的数，它的强数就是它的齐数，它的填数就是它的补数。如 1,000 是 957 的齐数，也是 957 的强数；043 是 957 的补数，也是 957 的填数。

(三) 凑数

两数之和等于 5 或 15，互称凑数。凑数主要有 1 和 4、2 和 3、5 和 0、6 和 9、7 和 8 五组。

三、打算盘的姿势与握笔法

打算盘时，身体要求坐正，需要挺直，胳膊稍平，头稍俯，便于两眼看数和拨珠，肘部摆动的幅度不宜太大。手腕要悬起，两脚踏地平放，上身与桌面要保持 5—10 厘米的距离。算盘摆在正前方，打浙式算盘，应把计算资料放在算盘下方，计算资料要尽量靠近算盘，左手移动计算资料，右手打算盘。打菱珠小算盘时，左手应握住算盘的左端，使算盘的上边对齐计算的一行数字，随着计算的数字逐行向下移动进行运算。

在用算盘计算时，运算当中要握笔拨珠，便于迅速书写计算结果，节约空停时间。握笔的方法叫作握笔法。握笔法主要有以下三种：

1. 中指、食指握笔法：笔杆以拇指、食指为依托，笔尖从中指、食指间穿出，五指蜷曲进行运算。（见图 1-3）

7

图 1-3　中指、食指握笔法

2. 中指、无名指握笔法：笔尖从中指与无名指中间穿出。这种执笔法可以全部腾出食指，自由运算。（见图 1-4）

3. 掌心握笔法：用小指与无名指将笔握在掌中心，笔尖从小指根部探出。这种执笔法可以腾出拇指、食指和中指，方便运算。（见图 1-5）

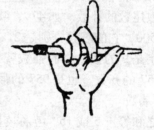

图 1-4　中指、无名指握笔法　　　图 1-5　掌心握笔法

四、拨珠指法

珠算是利用手指拨动算珠进行计算的，拨珠方法的灵巧与否，直接影响到计算速度和准确程度。初学珠算时，必须首先学会正确的拨珠方法。拨珠方法通称"指法"。掌握正确的指法，是学好珠算的基础。人们经过长期的实践，总结出三指指法和二指指法两大类。

（一）三指指法

三指指法适用于浙式算盘（圆珠大算盘），通常用右手的拇指、食指和中指三指拨珠。三指呈"爪"形，无名指和小指微曲不用。在三指严格分工的基础上，拨珠要有先后次序。

1. 单指独拨。（见图 1-6）

（1）拇指：专拨下珠靠梁，如加 1、2、3、4。

（2）食指：专拨下珠离梁，如减 1、2、3、4。

（3）中指：专拨上珠靠梁和离梁，如加 5、减 5。浙式算盘单指独拨。

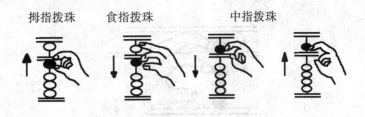

拇指拨珠　　食指拨珠　　　　中指拨珠

图 1-6

2. 两指联拨。在熟练掌握单指独拨的基础上，要进一步掌握两指联合拨珠（简称"联拨"）的方法，以提高计算速度。联拨时仍贯彻三指分工的原则。

（1）拇指和中指联拨，包括以下两种基本形式：

①双合：上、下珠同时靠梁。用中指拨上珠靠梁，同时用拇指托下珠靠梁，如空档加 5、7、8。（见图 1-7）

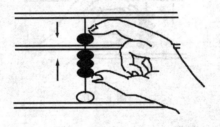

图 1-7

②双上：上珠离梁、下珠靠梁。用拇指托下珠靠梁，同时用中指拨上珠离梁，如 5-2、5-3 等。（见图 1-8）除以上两种基本形式外，还可涉及左一档下珠和右一档上珠同时靠梁或左一档下珠靠梁和右一档上珠离梁等多种形式。

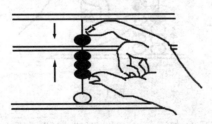

图 1-8

（2）中指和食指联拨，包括以下两种基本形式：

①双分：上、下珠同时离梁。用中指拨上珠离梁，同时用食指拨去下珠，如拨去 5、7、8、9。（见图 1-9）

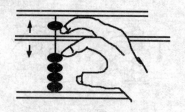

图 1-9

②双下：上珠靠梁，下珠离梁。用中指拨上珠靠梁，同时用食指拨去下珠，如 4+1、2+3、3+2 等。（见图 1-10）除以上两种基本形式外，还可涉及左一档下珠和右一档上珠同时离梁等多种形式。

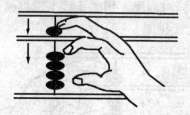

图 1-10

（3）拇指和食指的联拨，主要有以下两种基本形式：

①扭进：左一档下珠靠梁，右一档下珠离梁。用食指拨动右一档的下珠离梁，同时用拇指托左一档的下珠靠梁，食指和拇指的动作要连贯，如 1+9、2+8、3+7 等。（见图 1-11）

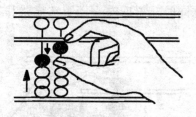

图 1-11

②扭退：左一档下珠离梁，右一档下珠靠梁。用食指拨动前一档的下珠离梁，同时用拇指托后一档的下珠靠梁，两指的动作要协调、连贯，如 11-9、10-8 等。（见图 1-12）

3. 三指联拨：用食指和中指拨动本档上、下珠同时离梁，用拇指拨动前一档下珠靠梁，如 58+2、7+3 等。（见图 1-13）

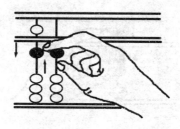

图 1 - 12

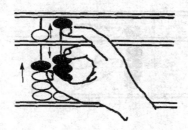

图 1 - 13

（二）两指指法

两指指法用于菱珠小算盘。

1. 单指独拨。如图 1 - 14，菱珠小算盘的珠梁距离近，一般只用拇指和食指两个指头拨珠。二指的分工是：

（1）拇指：管拨下珠靠梁。

（2）食指：管拨上珠靠梁和挑上珠离梁以及拨下珠离梁。

拇指拨珠　　　　　　　　　　食指拨珠

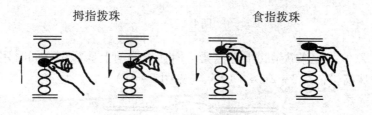

图 1 - 14

2. 两指联拨。

（1）双合：上、下珠同时靠梁。用食指和拇指同时使上、下珠靠梁，如拨入 6、7、8、9。（见图 1 - 15）

（2）双分：上、下珠同时离梁。用食指和拇指同时使上、下珠离梁，如9 - 9、8 - 8 等。（见图 1 - 16）

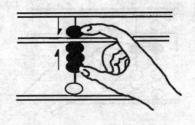

图 1 - 15

图 1 - 16

（3）双上：下珠靠梁，上珠离梁。用拇指托下珠靠梁，同时用食指挑动上珠离梁，两指的动作要一致，同时进行，如 5 - 2、5 - 3 等。（见图 1 - 17）

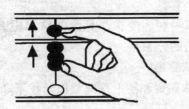

图 1 - 17

（4）双下：上珠靠梁，下珠离梁。用食指拨动上珠靠梁，同时用拇指顺势拨动下珠离梁，如 3 + 2、4 + 1 等。（见图 1 - 18）

图 1 - 18

（5）扭进：后档下珠离梁，前档下珠靠梁。用食指拨后一档下珠离梁，

同时用拇指托前一档的下珠靠梁,如 1 +9、2 +8、3 +7 等。(见图 1 – 19)

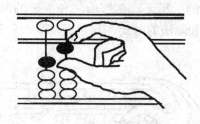

图 1 – 19

(6)扭退:前档下珠离梁,后档下珠靠梁。用食指拨动前档的下珠离梁,同时用拇指托后一档的下珠靠梁,如 10 – 9、12 – 8 等。(见图 1 – 20)

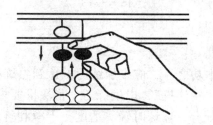

图 1 – 20

13

(三)拨珠应注意的事项

1. 指法正确。初学者往往按照自己的习惯做法顺手好用的指法拨珠,一旦形成习惯后,就难以纠正。所以,一开始学习时,就要用正确的指法拨珠。

2. 拨珠用力要均匀适当,轻便灵活。用力过重,会使动作生硬,甚至使算珠反弹,造成漂珠;用力太小,算珠达不到预定位置,也会造成漂珠,从而不易分辨盘上的数值,影响准确性。

3. 拨珠必须干脆利索,落子要稳、准、快,具有节奏感,拨珠时手指与盘面的角度要略呈垂直,指尖与盘面的间距应不高于 5 毫米为宜。用指尖准确地拨到算珠的刃边,部位要准,要一拨到位。

4. 上、下、进、退要按顺序拨珠,进退有序,该先去后进位的,不能先进后去;同样,该先退后还的,就不能先还后退。一定要层次分明,有条不紊地按固定顺序拨珠。

5. 为了提高工作效率和计算速度,应养成握笔拨珠的习惯,在运算过程中切忌“打花子”。

(四)双手拨珠法

一般打算盘,多是右手拨珠,左手握盘或指数。近年来,人们在实践中,体会到用双手拨珠,可以提高拨珠频率。双手拨珠法的手指分工是:右手用二指拨珠法；左手拇指和中指，握住算盘的上、下两框，便于算盘上下移动；左手食指轻轻放在算盘的中梁上。在打加法和乘法的时候，凡是进位数，都用左食指拨；在打减法和除法的时候，凡是退位数和置商数，都用左食指拨。（见图 1 - 21）

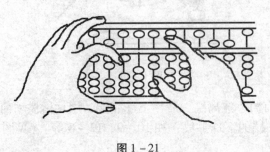

图 1 - 21

五、指法操

指法是珠算的基本功之一，应多加练习，达到熟练程度。为了便于进行指法练习，编成以下"指法操"，以供练习。指法操要求学习者按指法操作，手指严格分工，协调配合，拨珠时轻重适度，干净利落，时间上可视学生的不同程度由教师提出具体要求，不能达到的要限期达到。

本"指法操"共有八节，每节分为四个小节，每一小节可拨 6—10 档进行练习，八节的动作要连贯起来做，中途不要清盘。其具体内容如下：

第一节　拇指上，食指下（见图 1 - 22）

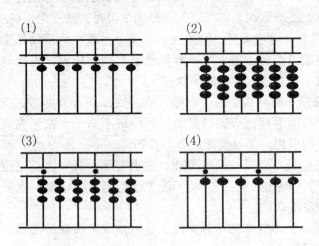

(1)　　　　(2)

(3)　　　　(4)

图 1 - 22

① +111. 11

② +3,333. 33

③ - 1, 111. 11

④ - 2, 222. 22

第二节　中指下上（见图 1 - 23）

① + 5, 555. 55

② - 5, 555. 55

③ + 5, 555. 55

④ - 5, 555. 55

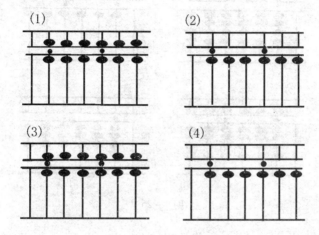

图 1 - 23

第三节　双合分（见图 1 - 24）

① + 8, 888. 88

② - 7, 777. 77

③ + 7, 777. 77

④ - 6, 666. 66

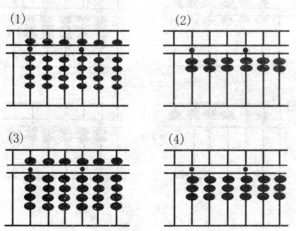

图 1 - 24

第四节　双合分（见图 1 - 25）

① + 6, 666. 66

② - 8, 888. 88

③ + 8, 888. 88

④ - 6, 666. 66

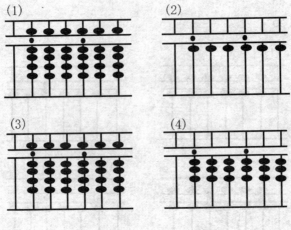

图 1 - 25

第五节　双下上（见图 1 - 26）

① + 3, 333. 33

② - 2, 222. 22

③ + 1, 111. 11

④ - 3, 333. 33

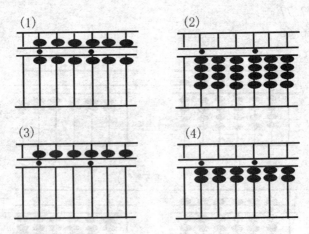

图 1 - 26

第六节 双下上（见图 1 - 27）

① + 3, 333. 33

② - 4, 444. 44

③ + 4, 444. 44

④ - 1, 111. 11

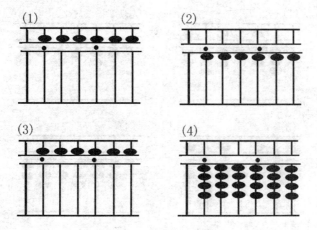

图 1 - 27

第七节 扭进退（见图 1 - 28）

① - 3, 333. 33

② + 2, 222. 22

③ + 9, 999. 98

④ - 9, 999. 99

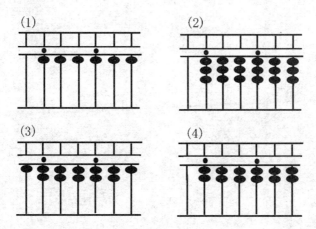

图 1 - 28

第八节 前后双合分（见图1-29）

① +1, 515. 15

② -2, 525. 25

③ +3, 535. 35

④ -1, 515. 15

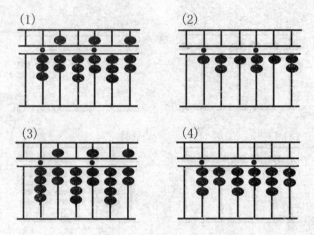

图1-29

第二章
数字的书写

　　银行是国民经济的综合部门，担负着社会总会计、总出纳的任务。银行要经常进行大量的经济活动，每日处理千百万笔业务，办理大量的资金收付工作，要为国民经济进行各种宏观、微观的经济活动分析提供资料和数据，还要深入社会进行经济调查，了解分析工农业生产和商品流通中的情况和问题，以促进生产和流通的发展。所有这些工作，都有一个计算问题。这充分说明，银行工作和计算的关系十分密切，离开了计算，银行工作就寸步难行，而数字的书写，则是计算工作不可分割的一部分。

　　数字是计算的前提，一切计算的过程和结果都要通过数字来表示和反映。没有数字，计算就无法进行。由此可见，数字是计算工作的基础，在计算工作中占有十分重要的地位。

　　银行工作中常用的数字有两种：一种是汉字大写数字；另一种是阿拉伯数字。汉字大写数字一般用于各种凭证的书写，阿拉伯数字则是用于凭证、账簿、报表的书写。

　　银行的一切业务，都是通过货币来实现的。银行会计的一切凭证、账簿、报表均以人民币"元"为单位（元以下辅币单位是"角""分"）。通常将用汉字大写表示的金额数字简称为"大写金额"，将用阿拉伯数字表示的金额数字简称为"小写金额"。银行重要凭证（如各种结算凭证、借款借据、储蓄存单等）的大、小写金额，若填写错误，不得更改，应另填新凭证。

第一节　阿拉伯数字的书写

阿拉伯数字有0、1、2、3、4、5、6、7、8、9，是世界各国通用的数字。

一、阿拉伯数字书写的有关规定

（一）书写与数位相结合

写数时，每一个数字都要占有一个位置，每一个位置表示各种不同的单位。数字所在位置表示的单位，称为"数位"。数位按照个、十、百、千、万的顺序，是由小到大，从右到左排列的，但写数和读数的习惯顺序，都是由大到小，从左到右的。我国的数位排列如表 2-1 所示。

表 2-1

数位	万万万位	千万万位	百万万位	十万万位	万万位	千万位	百万位	十万位	万位	千位	百位	十位	个位	十分位	百分位	千分位	万分位	十万分位	百万分位
读法	兆	千亿	百亿	十亿	亿	千万	百万	十万	万	千	百	十	个	分	厘	毫	丝	忽	微

阿拉伯数字在书写时，是与数位结合在一起的。书写的顺序是由高位到低位，从左到右依次写出各位数字。

例如：柒佰贰拾叁应写为 723。

如果某一个数位没有数字，就写一个"0"来表示；如果是整数，则比它小的数位均需用"0"表示出来。

例如：肆仟贰佰零捌应写为 4,208，贰万应写为 20,000。

（二）采用三位分节制

使用分节号能够较容易辨认数的数位，有利于数字的书写、阅读和计算工作。

数的整数部分，采用国际上通用的"三位分节制"，从个位向左每三位数用分节号","分开。例如：

万千百　十
万万万　万万千　百十个
位位位　位位位　位位位
3 8 7　6 5 0　0 0 0

带小数的数，应将小数点记在个位与十分位之间的下方。例如：

　　　　　十百
万千　百十个　分分
位位　位位位　位位
4 2　0 4 7 . 6 8

一般账表凭证的金额栏印有分位格，元位前每三位印一粗线代表分节号，元位与角位之间的粗线则代表小数点，记数时不要再另加分节号或小数点。

（三）关于人民币符号"￥"的使用

在填制凭证时，小写金额前一般均冠以人民币符号"￥"。"￥"是拼音文字"YUAN"（元）的缩写，"￥"既代表了人民币的币制，又表示了人民币"元"的单位。所以，在小写金额前填写"￥"以后，数字之后就不要再写"元"了。

例如：￥9,326.46，即为人民币玖仟叁佰贰拾陆元肆角陆分。

书写时，在"￥"与数字之间不能留有空位，以防止金额数字被人涂改。

书写人民币符号"￥"，尤其是草写"￥"时，要注意与阿拉伯数字有明显的区别。

在登记账簿、编制报表时，不能使用"￥"符号，因为账簿、报表上不存在金额数字被涂改而造成损失的情况。在账页或报表上如果使用"￥"符号，反而会增加错误的可能性。

（四）关于金额角、分的写法

在无金额分位格的凭证上，所有以元为单位的阿拉伯数字，除表示单价等情况外，一律写到角分；无角分的，角位和分位可以写成"00"或符号"—"；有角无分的，分位应写"0"，不得用符号代替。例如：人民币肆拾柒元正，可以写成"￥47.00"，也可以写成"￥47.—"；人民币捌拾贰元叁角正，应写成"￥82.30"，不能写成"￥82.3—"

21

二、数的读法

（一）万以下数的读法

每读出一个数字，接着读出该数字所在的位数，如37,268应读作叁万柒仟贰佰陆拾捌。

（二）万以上数的读法

对于万位以上的数，每读出一个数字，接着只读出该数字所在位数的第一个字。例如：2,738,426，读作贰佰柒拾叁万捌仟肆佰贰拾陆；314,628,957，读作叁亿壹仟肆佰陆拾贰万捌仟玖佰伍拾柒。

（三）中间有零的数的读法

数字中间有零的，无论是一个或连续几个零，都只读一个"零"，而不读出其所在的位数。例如：3,072，读作叁仟零柒拾贰；400,025，读作肆拾万零贰拾伍。

（四）后面有零的数的读法

数字末尾有零的数的读法，既不读零，也不读零所在的位数。例如：3,000，读作叁仟；4,200，读作肆仟贰佰。

三、账表凭证上的书写要求

在有金额分位格的账表凭证上（主要是在账簿上），阿拉伯数字的书写，结合记账规则需要，有特定的要求。

（一）规范化写法实例

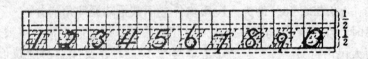

1 2 3 4 5 6 7 8 9 0

（二）说明

1. 数字的写法是自上而下，先左后右，要一个一个的写，不要连写，以免分辨不清。

2. 斜度约以 60 度为准。

3. 高度以账表格的 1/2 为准。

4. 除"7"和"9"上低下半格的 1/4，下伸次行上半格的 1/4 外，其他数字都要靠在底线上。

5. "6"的竖上伸至上半格的 1/4 处。

6. "0"字不要有缺口。

7. "4"的顶部不封口。

8. 从最高位起，以后各格必须写完，如柒仟贰佰元，应写成：

亿	千	百	十	万	千	百	十	元	角	分
					7	2	0	0	0	0

不能写成：

亿	千	百	十	万	千	百	十	元	角	分
					7	2	0	0		

也不能写成：

9. 数字写错需要更正时，不论写错的数字是一个还是几个，应把全部数字用一道红线划销，在红线左端加盖经手人的私章，然后再把正确的数字写在错误数字的上面。不得任意涂改、挖补、刀刮和皮擦，更不得用药水销蚀，以保证数字的真实性和正确性。如：

亿	千	百	十	万	千	百	十	元	角	分
						8	2	7	3	4
						8	1	2	3	4

练习题

1. 用小写数字写出下列各数（应写上"￥"符号）。
（1）陆拾伍万叁仟肆佰陆拾壹元整。
（2）柒佰零伍万元整。
（3）贰佰肆拾伍万零壹佰叁拾肆元零叁分。
（4）玖拾陆万零柒元伍角。
（5）壹佰贰拾叁万伍仟肆佰陆拾元整。
（6）玖拾万元整。
（7）捌仟零肆拾元伍角叁分。
（8）叁佰零肆元零陆分。
（9）贰拾伍万零叁佰肆拾元零捌分。
（10）捌拾叁万元零陆分。
2. 每周书写阿拉伯数码字练习簿若干页，直至教师认可时为止。

第二节　汉字大写数字的书写

一、汉字大写数字书写的有关规定

（一）用正楷字或行书字书写

汉字大写金额数字，要一律用正楷字或行书字书写。如用壹、贰、叁、肆、伍、陆、柒、捌、玖、拾、佰、仟、万、亿、圆（元）、角、分、零、整（正）等易于辨认、不易涂改的字样，不得用一、二（两）、三、四、五、六、七、八、九、十、念、仟、毛、另（或0）、园等字样代替。

（二）"人民币"与数字之间不得留有空位

有固定格式的重要单证，大写金额栏一般都印有"人民币"字样，数字

23

应紧接在"人民币"后面书写，在"人民币"与数字之间不得留有空位。大写金额栏没有印好"人民币"字样的，应加填"人民币"三字。

（三）"整（正）"字的用法

汉字大写金额数字到"圆"为止的，在"圆"字之后，应写"整"字。汉字大写金额数字有"角"或"分"的，"角"或"分"字后面不写"整"字。

"整"字笔画较多，在书写数字时，常常将"整"字写成"正"字。在汉字大写金额数字的书写方面，这两个字的作用是一样的。

（四）有关"零"的写法

阿拉伯金额数字有"0"时，汉字大写金额应怎样书写？这要看"0"所在的位置。对于数字尾部的"0"，不管是一个还是连续几个，汉字大写到非零数位后，用一个"整（正）"字结尾，都不需用"零"来表示。如"￥8.50"，汉字大写金额写成"人民币捌圆伍角"；又如"￥200.00"，应写成"人民币贰佰元整"。至于阿拉伯金额数字中间有"0"时，汉字大写应按照汉语语言规律、金额数字构成和防止涂改的要求进行书写。分别举例说明如下：

1. 阿拉伯金额数字中间有"0"时，汉字大写金额要写"零"字。如"￥704.76"，汉字大写金额应写成"人民币柒佰零肆圆柒角陆分"。

2. 阿拉伯金额数字中间连续有几个"0"时，汉字大写金额可以只写一个"零"字。如"￥9,006.23"，汉字大写金额应写成"人民币玖仟零陆元贰角叁分"。

3. 阿拉伯金额数字圆位是"0"，或者数字中间连续有几个"0"，圆位也是"0"，但角位不是"0"时，汉字大写金额中可以只写一个"零"字，也可以不写"零"。如"￥4,880.52"，汉字大写金额应写成"人民币肆仟捌佰捌拾圆伍角贰分"或者写成"人民币肆仟捌佰捌拾圆零伍角贰分"；又如"￥92,000.48"，汉字大写金额应写成"人民币玖万贰仟圆肆角捌分"。

4. 阿拉伯金额数字角位是"0"，而分位不是"0"的，汉字大写金额圆字后面应写"零"字。如"￥745.08"，汉字大写金额应写成"人民币柒佰肆拾伍圆零捌分"；又如"￥9,900.07"，汉字大写金额应写成"人民币玖仟玖佰圆零柒分"。

（五）壹拾几的"壹"字，在书写汉字大写金额数字中不能遗漏

平时口语习惯说"拾几""拾几万"，在这里"拾"字仅代表数位，不是数字。"壹拾"既代表位数，又代表数字，所以壹拾几的"壹"字不能遗漏。如"￥317.78"，汉字大写金额应写成"人民币叁佰壹拾柒圆柒角捌分"；又如"￥160,000.00"，汉字大写金额应写成"人民币壹拾陆万元整"。

二、大写金额写法的举例

大写金额的正确写法与错误写法对照如表 2-2 所示。

表 2-2

小写金额	大　写　金　额		
	正确写法	容易错写	错误原因
¥4,000.00	人民币肆仟元整	人民币：肆仟元整	"人民币"后多写冒号
¥17.02	人民币壹拾柒元零贰分	人民币拾柒元贰分	漏写"壹"字和"零"
¥630.90	人民币陆佰叁拾元玖角	人民币陆佰叁拾零元玖角	"零"字用法不对
¥630.90	人民币陆佰叁拾元零玖角	人民币陆佰叁拾元玖角零分	多写"零分"二字
¥100,500.00	人民币壹拾万零伍佰元整	人民币拾万伍佰元整	漏"壹"字和"零"字
¥9,800,000.06	人民币玖佰捌拾万元零陆分	人民币玖佰捌拾万另陆分	漏写"元"字，"零"字错写为"另"字

三、审查结算凭证应注意的几个问题

汉字大写金额数字，银行主要在日常业务中填写凭证时使用。尤其是开户单位向银行提交的各种结算凭证，是银行为国民经济部门、各单位办理资金划拨、现金存取的重要依据，也是记录经济业务和明确经济责任的书面证明。财政部、中国人民银行总行和中国文字改革委员会在 1963 年就联合下发通知，规定了凭证的填写方法，1984 年财政部又在《会计人员工作规则》中再次予以明确，中国人民银行多次作了布置和指示。银行在审查各种凭证时，在大、小写金额数字方面，除了中国人民银行总行已有明确规定的外，还有以下几点：

1. 汉字大写金额数字，不得自造简化字，但有的单位书写中用繁体字（如贰、陆、万、亿、圆）的，也可以受理。

2. 汉字大写金额数字到"角"为止，如果在"角"位后没写"整"字的，也可以通融受理。

3. 汉字大写金额数字有"分"位，"分"字后面多写了"整"字的，也可以通融受理。

4. 关于"零"字的写法：阿拉伯金额数字连续有几个"0"时，可以只写一个"零"字。如"￥701,002.08"，汉字大写金额应写成"人民币柒拾万零壹仟零贰圆零捌分"时，可以受理。

5. 各单位在银行结算凭证的大写金额栏内，不得预印固定的"佰、拾、万、仟、佰、拾、圆、角、分"字样。

练习题

1. 用汉字大写金额数字写出下列各数：

(1) ￥7,824.00   (6) ￥420,389,043.09

(2) ￥5,007,028.18   (7) ￥389,548.60

(3) ￥124,760.30   (8) ￥840,007.00

(4) ￥950,032,118.00   (9) ￥560,000.43

(5) ￥2,175.06   (10) ￥18,040,702.07

2. 每周按照阿拉伯金额数字书写汉字大写金额数字若干页，直至教师认可时为止。

第三章
珠算基本加减法

　　珠算加减法在日常生活和经济工作中应用非常广泛。它运用五升十进制，加中有减，减中有加，算理科学，算法简便。这是珠算的独特之处，也是其他计算工具无法比拟的。而且珠算加减法是珠算乘除法的基础，珠算加减法运算的熟练程度直接决定了珠算乘除法及其他运算技能的高低。珠算加减法易学难精，学习时须有顽强的毅力，坚持"天天练"，形成条件反射，达到熟能生巧。只懂得珠算怎样相加减，而未掌握熟练技巧，不能算作学会了珠算加减法。

第一节　传统的加减法

　　珠算的传统加减法又称运用口诀的加减法。任何多位数的加减，都是由一位数加减组成的。所以，前人把一位数加减法，按照拨珠动作分别编制成了口诀。其中，每一句口诀都包含着二层意思，口诀的第一个数表示加数（减数），后面的文字表示拨珠的动作和顺序。初学时，必须按口诀的顺序进行拨珠运算，养成正确的拨珠习惯，才能不断提高计算速度，达到既快又准。

　　现将珠算加减法的口诀分别列表如表 3－1 和表 3－2 所示。

表 3－1

口诀　　类型　　加数	直接的加法	满五的加法	进十的加法	破五进十的加法
	几上几	几下五去几	几去几进一	几上几去五进一
1	一上一	一下五去四	一去九进一	
2	二上二	二下五去三	二去八进一	

加数 \ 类型 口诀	直接的加法 几上几	满五的加法 几下五去几	进十的加法 几去几进一	破五进十的加法 几上几去五进一
3	三上三	三下五去二	三去七进一	
4	四上四	四下五去一	四去六进一	
5	五上五		五去五进一	
6	六上六		六去四进一	六上一去五进一
7	七上七		七去三进一	七上二去五进一
8	八上八		八去二进一	八上三去五进一
9	九上九		九去一进一	九上四去五进一

表 3－2

加数 \ 类型 口诀	直接的减法 几去几	破五的减法 几上几去五	退十的减法 几退一还几	退十还五的减法 几退一还五去几
1	一去一	一上四去五	一退一还九	
2	二去二	二上三去五	二退一还八	
3	三去三	三上二去五	三退一还七	
4	四去四	四上一去五	四退一还六	
5	五去五		五退一还五	
6	六去六		六退一还四	六退一还五去一
7	七去七		七退一还三	七退一还五去二
8	八去八		八退一还二	八退一还五去三
9	九去九		九退一还一	九退一还五去四

一、珠算加减法的运算顺序

（一）固定个位

根据运算的需要，在盘上确定个位档或小数点的位置。一经选定，在整个运算过程中保持不变。

（二）置数

将被加数（被减数）从左至右，按数的位次从高位到低位的顺序拨入盘。

（三）对准数位

同一数位上的数对齐，即个位对个位，十位对十位，百位对百位……进行相加减。

（四）从左至右

珠算加减法的运算顺序与笔算加减法的运算顺序相反。笔算加减法的运算顺序是从右至左（从低位到高位）逐位相加减，而珠算加减法的运算顺序是从左至右（从高位到低位）逐档相加减。

（五）结果

最后盘上靠梁的算珠表示的数，为所求结果。

二、各类型加减法的适用范围

（一）直接加法和直接减法

同一数位上两数相加（减），当本档算珠够所加（减）的数，可直接拨入（去）时，采用这类口诀。

【例1】3,412＋1,586＝4,998

第一步，在盘上确定个位档后，从千位档起把被加数3,412从左至右依次拨入盘。见图3－1。

第二步，从左至右对准数位，3对1、4对5、1对8、2对6，按口诀一上一、五上五、八上八、六上六进行相加。见图3－2。（图中▽表示确定的个位档，●表示未拨动的算珠，○表示拨动的算珠。下同）

第三步，盘上靠梁的算珠4,998为所求结果。

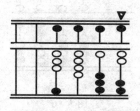

图3－1

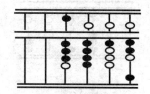

图3－2

29

【例2】748 – 526 = 222

第一步，固定个位档后，从百位档起将被减数 748 从左至右拨入盘。见图 3 – 3。

第二步，从左至右对准数位，7 对 5、4 对 2、8 对 6，按口诀五去五、二去二、六去六，逐档相减。见图 3 – 4。

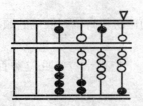
图 3 – 3

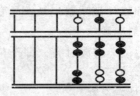
图 3 – 4

第三步：盘上靠梁的算珠 222 为所求结果。

（二）满五的加法和破五的减法

同一数位上两个小于 5 而和大于 5 的数相加，不能直接用本档下珠进行计算，而必须用到上珠 5 时，采用"满五的加法"。例如：4 + 2，盘上已有被加数 4，加上 2，本档下珠不够，需加上珠 5，这样就多加出 3，所以下五后要减去三，即二下五去三。

同一数位上两个数相减，被减数大于或等于 5，而减数小于 5，相减时不能直接用本档下珠减去减数而需借用上珠 5 时，采用"破五的减法"。例如：6 – 2，盘上已有被减数 6，减去 2 时本档下珠不够，需去掉上珠 5，这样就多减去 3，所以加上 3 后方可去 5，即二上三去五。

【例3】1,342 + 4,234 = 5,576

第一步：固定个位档，从千位档起把 1,342 依次拨入盘。见图 3 – 5。

第二步：从左至右对准数位，1 对 4、3 对 2、4 对 3、2 对 4，按口诀四下五去一、二下五去三、三下五去二、四下五去一，逐档相加。见图 3 – 6。

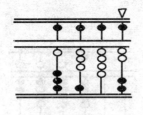
图 3 – 5

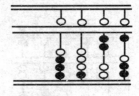
图 3 – 6

第三步：盘上靠梁的算珠 5,576 为所求结果。

【例4】5,786 - 1,342 = 4,444

第一步：固定个位档，从千位档起把被减数 5,786 从左至右拨入盘。见图 3 -7。

第二步：对准数位，5 对 1、7 对 3、8 对 4、6 对 2，按口诀一上四去五、三上二去五、四上一去五、二上三去五，从左至右逐档相减。见图 3 - 8。

第三步：盘上靠梁的算珠 4,444 为所求结果。

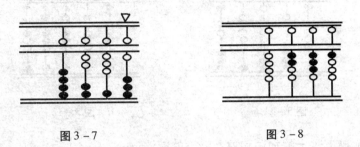

图 3 - 7   图 3 - 8

(三) 进十的加法和退十的减法

本档两数相加的和大于或等于 10 需向前档进一。若本档靠梁的算珠能够直接去掉加数的补数时，采用进十的加法。例如：8 + 4 = 12，盘上已有被加数 8，再加 4 之和大于 10，需向左一档进一，而在左一档 "进一" 相当于加 10，必须在本档去掉多加出的 6，且本档可直接从靠梁珠 8 中去掉 6，运用的口诀为四去六进一。

本档上两数不够减，需从左一档借 1 当 10 进行相减，若本档能够直接加还减数的补数时，采用 "退十的减法"。例如：15 - 6 = 9，盘上已有被减数 15，要减去 6，本档上 5 不够减，需从左一档借 1，而左一档借 1 相当于减去 10，必须在本档上加还多减去的 4，且本档可直接加还补数 4，运用的口诀为六退一还四。

【例5】12,694 + 9,537 = 22,231

第一步：固定个位，从万位档起依次把 12,694 拨入盘。见图 3 - 9。

第二步：从左至右对准数位，2 对 9、6 对 5、9 对 3、4 对 7，按口诀九去一进一，五去五进一，三去七进一，七去三进一，逐档相加。见图 3 - 10。

第三步：盘上靠梁的算珠 22,231 为所求结果。

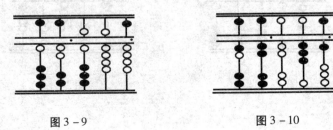

图 3 - 9   图 3 - 10

【例6】35,281−6,498＝28,783

第一步：固定个位档，从万位档起依次把35,281拨入盘。见图3−11。

第二步：从左至右对准数位，5对6、2对4、8对9、1对8，按口诀六退一还四、四退一还六、九退一还一、八退一还二，逐档相减。见图3−12。

第三步：盘上靠梁的算珠28,783为所求结果。

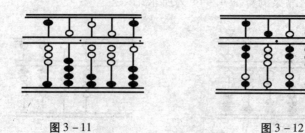

图3−11   图3−12

（四）破五进十的加法和退十还五的减法

在进十加法中，当加6、7、8、9，本档下珠不能直接去掉加数的补数，而需用破五减才能去掉时，采用"破五进十加法"。例如：5＋8＝13，盘上已有被加数5，加8时，需去补数2进一，可本档下珠不够2，不能直接去掉，需用上三去五去掉其补数2，然后进一，运用的口诀为八上三去五进一。

在退十减法中，当减6、7、8、9，本档不能直接加还补数，而需用满五加法加还补数时，采用"退十还五的减法"。例如：12−6＝6，盘上被减数为12，当用六退一还四减去6时，本档下珠不能直接还补数4，需用满五加法下五去一加还补数4，运用口诀为六退一还五去一。

【例7】18,556＋6,798＝25,354

第一步：固定个位，从万位档起依次把18,556拨入盘。见图3−13。

第二步：从左至右对准数位，8对6、5对7、5对9、6对8，按口诀六上一去五进一、七上二去五进一、九上四去五进一、八上三去五进一，逐档相加。见图3−14。

第三步：盘上靠梁的算珠25,354为所求结果。

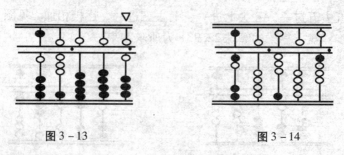

图3−13   图3−14

【例8】$12,434 - 6,879 = 5,555$

第一步：固定个位，从万位档起依次把 12,434 拨入盘。见图 3-15。

第二步：从左至右对准数位，2 对 6、4 对 8、3 对 7、4 对 9，按口诀六退一还五去一、八退一还五去三、七退一还五去二、九退一还五去四，逐档相减。见图 3-16。

第三步：盘上靠梁的算珠 5,555 为所求结果。

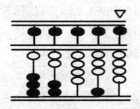

图 3-15

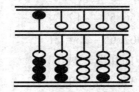

图 3-16

学习珠算传统加减法，主要是为了初学者掌握正确的拨珠指法，使指法规范化、程序化。在运用口诀进行加减运算时，一定要理解口诀的含义，根据口诀内在规律熟记口诀的内容，掌握口诀的适用条件和拨珠指法。随着熟练程度的提高，可逐步地摆脱口诀，做到：意到珠随，见数拨珠，形成条件反射，从而做到不用口诀就能很快计算出所需数据。为了尽快摆脱口诀，我们将在下节详细介绍珠算的无诀加减法。

练习题（运用口诀进行加减法运算）

1. 直接加和直接减练习。

（1）$1,756 + 2,242 =$

（2）$1,912 + 7,075 =$

（3）$3,586 + 5,413 =$

（4）$2,562 + 7,437 =$

（5）$3,536 + 6,361 =$

（6）$154.73 + 725.16 =$

（7）$352.81 + 541.06 =$

（8）$521.02 + 462.96 =$

（9）$125.34 + 324.65 =$

（10）$425.36 + 573.62 =$

（11）$2,897 - 1,672 =$

（12）$7,849 - 6,734 =$

（13）$3,748 - 2,616 =$

（14）$4,925 - 1,715 =$

（15）$4,786 - 3,671 =$

（16）$879.89 - 125.73 =$

（17）$793.96 - 682.45 =$

（18）$978.65 - 866.15 =$

（19）$793.89 - 592.64 =$

（20）$346.28 - 125.13 =$

2. 满五加和破五减练习。

（1）$2,243 + 4,313 =$

（2）$1,323 + 4,242 =$

（3） 3,142 + 2,414 =　　　　　　（4） 3,233 + 4,423 =

（5） 1,324 + 4,342 =　　　　　　（6） 443.23 + 214.32 =

（7） 124.34 + 423.32 =　　　　　（8） 134.21 + 423.34 =

（9） 423.42 + 432.13 =　　　　　（10） 234.24 + 321.43 =

（11） 6,578 - 3,234 =　　　　　　（12） 8,576 - 4,343 =

（13） 7,685 - 4,244 =　　　　　　（14） 5,687 - 4,243 =

（15） 6,785 - 4,342 =　　　　　　（16） 685.75 - 243.43 =

（17） 856.57 - 412.34 =　　　　　（18） 756.85 - 324.42 =

（19） 567.65 - 134.21 =　　　　　（20） 765.78 - 343.34 =

3. 进十加和退十减练习。

（1） 7,354 + 8,759 =　　　　　　（2） 5,749 + 5,876 =

（3） 9,648 + 7,987 =　　　　　　（4） 6,438 + 9,878 =

（5） 4,796 + 7,869 =　　　　　　（6） 582.91 + 548.39 =

（7） 482.93 + 638.19 =　　　　　（8） 568.47 + 547.94 =

（9） 729.89 + 482.54 =　　　　　（10） 869.43 + 541.68 =

（11） 16,752 - 7,968 =　　　　　（12） 12,654 - 3,765 =

（13） 14,268 - 5,879 =　　　　　（14） 17,238 - 8,399 =

（15） 27,351 - 8,977 =　　　　　（16） 152.14 - 68.35 =

（17） 113.15 - 39.79 =　　　　　（18） 188.27 - 99.38 =

（19） 257.34 - 89.45 =　　　　　（20） 132.41 - 95.54 =

4. 破五进十加和退十还五减练习。

（1） 6,765 + 7,678 =　　　　　　（2） 5,675 + 8,769 =

（3） 6,786 + 8,667 =　　　　　　（4） 6,878 + 8,676 =

（5） 6,578 + 6,766 =　　　　　　（6） 178.56 + 76.96 =

（7） 357.85 + 67.69 =　　　　　（8） 668.57 + 766.96 =

（9） 265.78 + 89.76 =　　　　　（10） 375.55 + 68.89 =

（11） 24,433 - 9,768 =　　　　　（12） 13,423 - 6,867 =

（13） 42,342 - 6,787 =　　　　　（14） 23,242 - 7,687 =

（15） 34,232 - 86.76 =　　　　　（16） 124.32 - 67.87 =

（17） 343.24 - 98.76 =　　　　　（18） 234.21 - 67.66 =

（19） 123.24 - 77.68 =　　　　　（20） 233.42 - 66.77 =

第二节　无诀加减法

珠算的传统加减法可以根据口诀拨珠进行运算，这是它的优点，但机械地记忆、默诵口诀，有碍珠算与脑算的结合，影响运算速度的进一步提高。因此，根据算盘具有五升十进、灵活可变的计算特点，只要懂得上、下珠，左右档和进退位的关系，运用数字组合和分解的规律，配之以正确的拨珠方法，就可以摆脱口诀，做到加减运算不用口诀，见数拨珠。

无诀加减法的关键是要熟练掌握珠算运算中几种数的构成，学会数的组合和分解，即凑数、补数和超数的方法。见表 3 – 3。

表 3 – 3

数	5	6	7	8	9	10
构 成	1 与 4 2 与 3	5 与 1	5 与 2	5 与 3	5 与 4	1 与 9 2 与 8 3 与 7 4 与 6 5 与 5
	凑数	超数				补数

只有熟练掌握某数加几为 5，某数加几为 10，大于 5 的数与 5 的差余几，10 减小于 10 的数余几，才能在盘上快速运算，达到"条件反射"。

一、直加和直减

珠算加法的关键要看外珠。直加一个数，即把所在档上靠边的珠（外珠）按数拨入盘上，当外珠够所加的数，直接加上。例如：2 + 6 = 8，盘上已有被加数 2，当加 6 时，其档外珠为 7 够 6，可直接加上。总结其拨珠规律为：加看外珠，够加直加。

珠算减法的关键要看内珠。直减一个数，要从被减数中减去，若内珠（靠梁的珠）够所要减去的减数，则直接减去。总结其拨珠规律为：减看内珠，够减直减。

【例 1】 86,532 + 2,457 = 88,989

第一步：固定个位，从万位档起把 86,532 拨入盘。

第二步：从左至右，对准数位，6 对 2、5 对 4、3 对 5、2 对 7。由于 6 的外珠 3 够 2，5 的外珠 4 够 4，3 的外珠 6 够 5，2 的外珠 7 够 7，故直接加上。

第三步：盘上内珠 88,989 为所求结果。

【例 2】 46,879 – 35,624 = 11,255

第一步：固定个位，从万位档起把 46,879 拨入盘。

第二步：从左至右，对准数位，4 对 3、6 对 5、8 对 6、7 对 2、9 对 4。

显然内珠 4、6、8、7、9 分别够所要减去的 3、5、6、2、4，故直接减去。

第三步：盘上内珠 11, 255 为所求结果。

二、凑五加和破五减

当加 1、2、3、4，其和等于 5 或大于 5 且不满 10 时，而本档下珠不够加，则需先加 5，然后减去多加出的部分（凑数），叫凑五加。用算术式表示为：

+1 = +5 − 4				+2 = +5 − 3		
⋮	⋮	⋮		⋮	⋮	⋮
⋮	⋮	⋮		⋮	⋮	⋮
加数	加五	减凑		加数	加五	减凑
+3 = +5 − 2				+4 = +5 − 1		
⋮	⋮	⋮		⋮	⋮	⋮
⋮	⋮	⋮		⋮	⋮	⋮
加数	加五	减凑		加数	加五	减凑

总结其拨珠规律为：下珠不够加，加五减凑。

当减 1、2、3、4，本档下珠不够减时，则需要去 5，然后加上多减去的部分（凑数）。用算术式表示为：

−1 = +4 − 5				−2 = +3 − 5		
⋮	⋮	⋮		⋮	⋮	⋮
⋮	⋮	⋮		⋮	⋮	⋮
减数	加凑	减五		减数	加凑	减五
−3 = +2 − 5				−4 = +1 − 5		
⋮	⋮	⋮		⋮	⋮	⋮
⋮	⋮	⋮		⋮	⋮	⋮
减数	加凑	减五		减数	加凑	减五

总结其拨珠规律为：下珠不够减，加凑减五。

【例 3】3, 423 + 2, 143 = 5, 566

第一步：固定个位，从千位档起把 3, 423 拨入盘。

第二步：从左至右，对准数位。因 3 的下外珠 1 不够加 2，4 的下外珠 0 不够加 1，1 的下外珠 2 不够加 4，2 的下外珠 1 不够加 3，故分别加五后减去凑数 3、4、1、2。

第三步：盘上内珠 5, 566 为所求结果。

【例 4】5, 768 + 1, 324 = 4, 444

第一步：固定个位，从千位档起把 5, 768 拨入盘。

第二步：从左至右，对准数位，因 5 的内下珠 0 不够减 1，7 的内下珠 2 不够减 3，6 的内下珠 1 不够减 2，8 的内下珠 3 不够减 4，故分别加凑数 4、2、3、1 后减五。

第三步：盘上内珠 4,444 为所求结果。

三、进位加和退位减

当加一个数，其和满十需在前一档进一（加 10）时，在本档可直接减去多加出的数（补数）的运算叫进位加法。用算术式表示为：

$$+1 = -9 + 10 \qquad\qquad +2 = -8 + 10$$

$$\vdots \quad \vdots \quad \vdots \qquad\qquad \vdots \quad \vdots \quad \vdots$$

$$\vdots \quad \vdots \quad \vdots \qquad\qquad \vdots \quad \vdots \quad \vdots$$

加数　减补　进一　　　　加数　减补　进一

$$+3 = -7 + 10 \qquad\qquad +4 = -6 + 10$$

$$+5 = -5 + 10 \qquad\qquad +6 = -4 + 10$$

$$+7 = -3 + 10 \qquad\qquad +8 = -2 + 10$$

$$-9 = -1 + 10$$

总结其拨珠规律为：本档满十，减补进一。

当减一个数，本档不够减，需向左一档借一（减 10）时，可在本档直接加上多减去的补数（加补）的运算叫退位减法。用算术式表示为：

$$-1 = -10 + 9 \qquad\qquad -2 = -10 + 8$$

$$\vdots \quad \vdots \quad \vdots \qquad\qquad \vdots \quad \vdots \quad \vdots$$

$$\vdots \quad \vdots \quad \vdots \qquad\qquad \vdots \quad \vdots \quad \vdots$$

减数　退一　加补　　　　减数　退一　加补

$$-3 = -10 + 7 \qquad\qquad -4 = -10 + 6$$

$$-5 = -10 + 5 \qquad\qquad -6 = -10 + 4$$

$$-7 = -10 + 3 \qquad\qquad -8 = -10 + 2$$

$$-9 = -10 + 1$$

总结其拨珠规律为：本档不够减，退一加补。

【例 5】$2,786 + 934 = 3,720$

第一步：固定个位，从千位档起把 2,786 拨入盘。

第二步：从左至右，对准数位逐档相加。因内珠 7、8、6 可分别直接去掉 9、3、4 的补数，故直接去补 1、7、6 后进一。

第三步：盘上内珠 3,720 为所求结果。

【例 6】$2,631 - 954 = 1,677$

第一步：固定个位，从千位档起把 2,631 拨入盘。

37

第二步：从左至右，对准数位逐档相减。因 6、3、1 的外珠可分别直接还 9、5、4 的补数，故退一后分别直接加补数 1、5、6。

第三步：盘上内珠 1,677 为所求结果。

四、破五进位加和退位凑五减

当加 6、7、8、9，其和超过 10，而本档下珠不能直接减去补数时，需破 5 后再加上多减去的数（超数）的运算叫"破五进位加"。用算术式表示为：

$$\underline{+6 = +1 -5 + \underline{10}} \qquad \underline{+7 = +2 -5 + \underline{10}}$$

$$\vdots \qquad \vdots \qquad \vdots \qquad \vdots$$

$$\vdots \qquad \vdots \qquad \vdots \qquad \vdots$$

加数　加超　减五　进一

$$+8 = +3 -5 +10 \qquad +9 = +4 -5 +10$$

总结其拨珠规律为：下珠不够减补，加超去五进一。

破五进位加法还可以根据：

$$+6 = +1 +5 \qquad +7 = +2 +5 \qquad +8 = +3 +5 \qquad +9 = +4 +5$$

进行加超加五规律的运算。

当减 6、7、8、9 时，本档不够减，需向左一档借 1，且本档不能直接加还补数，需用凑五加还补数的运算叫"退位凑五减"。用算术式表示为：

$$\underline{-6 = -10 +5 - \underline{1}} \qquad -7 = -10 +5 -2$$

$$\vdots \qquad \vdots \qquad \vdots \qquad \vdots$$

$$\vdots \qquad \vdots \qquad \vdots \qquad \vdots$$

减数　退一　加五　减超

$$-8 = -10 +5 -3 \qquad -9 = -10 +5 -4$$

总结其拨珠规律为：下珠不够加补，退一加五减超。

退位凑五减法还可以根据：

$$-6 = -5 -1 \qquad -7 = -5 -2 \qquad -8 = -5 -3 \qquad -9 = -5 -4$$

进行"减五减超"规律的运算。

【例7】2,658 + 876 = 3,534

第一步：固定个位，从千位档起把 2,658 拨入盘。

第二步：从左至右，对准数位逐档相加。因本档内下珠不能分别直接去掉 8、7、6 的补数，故分别加上超数 3、2、1 后去五进一，或加超数后再加 5。

第三步：盘上内珠 3,534 为所求结果。

【例8】2,134 − 679 = 1,455

第一步：固定个位，从千位档起把 2,134 拨入盘。

　　第二步，从左至右，对准数位逐档相减。因本档 1、3、4 的外下珠不能直接还 6、7、9 的补数，故分别退一加五减超数 1、2、4 或分别减五减超。

　　第三步：盘上内珠 1，455 为所求结果。

　　以上分别介绍了无诀加减法的直加和直减、凑五加和破五减、进位加和退位减、破五进位加和退位凑五减四种类型加减法的运算规律。其要领可归纳为：

　　第一种类型：够加直加，够减直减；

　　第二种类型：加五减凑，加凑减五；

　　第三种类型：减补进一，退一加补；

　　第四种类型：加超减五进一，退一加五减超；

　　或者：加超加五，减五减超。

　　从其要领中可以看出，珠算加减运算程序是互逆的，其拨珠动作也是互逆的。另外，珠算加减运算中充分体现了加中有减，减中有加，变加为减，变减为加的辩证思维。练习时，可充分利用其内在规律，达到不再思索口诀见数拨珠。

练习题（不用口诀进行加减法运算）

1. 直加、直减练习。

（1）$124 + 565 =$　　　　　　（2）$322 + 167 =$

（3）$341 + 158 =$　　　　　　（4）$325 + 673 =$

（5）$748 - 526 =$　　　　　　（6）$387 - 265 =$

（7）$496 - 375 =$　　　　　　（8）$489 + 366 =$

（9）$658 - 151 =$　　　　　　（10）$983 + 322 =$

2. 加五减凑、加凑减五练习。

（1）$263 + 312 =$　　　　　　（2）$472 + 123 =$

（3）$234 + 432 =$　　　　　　（4）$342 + 234 =$

（5）$432 + 324 =$　　　　　　（6）$655 - 143 =$

（7）$578 - 344 =$　　　　　　（8）$575 - 322 =$

（9）$579 - 246 =$　　　　　　（10）$875 - 431 =$

3. 减补进一、退一加补练习。

（1）$43 + 67 =$　　　　　　（2）$56 + 54 =$

（3）$79 + 31 =$　　　　　　（4）$68 + 53 =$

（5）$998 + 123 =$　　　　　　（6）$110 - 76 =$

（7）$103 - 54 =$　　　　　　（8）$111 - 92 =$

（9）$124 - 85 =$　　　　　　（10）$956 - 198 =$

4. 加超去五进一、退一加五减超练习。

    （加五加超）   （减五减超）

（1）555, 555, 555, 555
   +666, 666, 666, 666
   −666, 666, 666, 666

（3）656, 656, 656, 656
   +786, 786, 786, 786
   −876, 876, 876, 876

（5）677, 677, 677, 677
   +767, 767, 767, 767
   −766, 766, 766, 766

（7）556, 556, 556, 556
   +857, 857, 857, 857
   −669, 669, 669, 669

（2）555, 555, 555, 555
   +888, 888, 888, 888
   −888, 888, 888, 888

（4）675, 675, 675, 675
   +769, 769, 769, 769
   −976, 976, 976, 976

（6）755, 755, 755, 755
   +678, 678, 678, 678
   −986, 986, 986, 986

（8）667, 667, 667, 667
   +755, 755, 755, 755
   −878, 878, 878, 878

第三节　验算与查错

珠算的运算要求既快又准，只快不准是毫无意义的。练习时，一定要以准求快，发现差错及时找出原因，总结经验，以防再错，力求一次打准。

一、加减法的验算法

（一）复算核对法

用同样的方法重新计算一次，两次结果相同，视为计算正确；否则，还需再算一次。

（二）逆算核对法

因加减互为逆运算，可以在第一次计算结果的基础上，采用变号减（加）各加数（减数）的方法，其差（和）等于被加数（被减数），表示运算结果正确。

（三）顺序转换法

对连续加或连续减的算题，从第二个数开始计算，最后再计算每一个数，结果相同，证明计算结果正确。

（四）分项验算法

对加减混合运算的算题，将所有加数和所有减数分别计算，然后从加数之和中减去减数之和，两次结果相同，证明计算结果正确。

（五）部分检查法

两次结果仅在个别位上不同，不必全部复查，只需复查部分即可。

二、常见的差错及查找方法

（一）相邻两位数字颠倒差错

相邻两位数字颠倒差错是指在看数时将相邻两位数字颠倒造成的差错。例如：

原数为	错看成	差数为	
84	48	36	（36 为 9 的 4 倍数）
7,586	7,856	270	（270 为 9 的 30 倍）
7,586	5,786	1,800	（1,800 为 9 的 200 倍）

这类差错的规律是：差数定是九的倍数，且除以九后的商为一位数时，是个位数与十位数颠倒；商为两位数时，是十位数字与百位数字颠倒；商为三位数时，是百位数字与千位数字颠倒；以此类推。

不论商是几位数，这一商数中不为零的数恰好是颠倒的两个数之差。

例表如下：

个位与十位颠倒	十位与百位颠倒	百位与千位颠倒	差数除以九不为零商数	被颠倒计算的两个相邻数字
9	90	900…	1	1 与 0、2 与 1、3 与 2、4 与 3、5 与 4、6 与 5、7 与 6、8 与 7、9 与 6
18	180	1,800…	2	2 与 0、3 与 1、4 与 2、5 与 3、6 与 4、7 与 5、8 与 6、9 与 7
27	270	2,700…	3	3 与 0、4 与 1、5 与 2、6 与 3、7 与 4、8 与 5、9 与 6
36	360	3,600…	4	4 与 0、5 与 1、6 与 2、7 与 3、8 与 4、9 与 5
45	450	4,500…	5	5 与 0、6 与 1、7 与 2、8 与 3、9 与 4
54	540	5,400…	6	6 与 0、7 与 1、8 与 2、9 与 3
63	630	6,300…	7	7 与 0、8 与 1、9 与 2
72	720	7,200…	8	8 与 0、9 与 1
81	810	8,100…	9	9 与 0

表头：两个答案相差的数；差数除以九不为零商数；被颠倒计算的两个相邻数字

在连加中，被颠倒计算的相邻两个数字，如原来大数在前，则较大的答案正确；反之，则较小的答案正确。

在连减中，被颠倒计算的相邻两个数字，如原来大数在前，则较小的答案正确；反之，则较大的答案正确。

在加减混合计算中，被颠倒计算的相邻两数是加数，可按连加的方法判

41

断哪一个答案正确；如是减数，可按连减的方法判断哪一个答案正确。

【例1】647 + 321 + 897 + 385

本题是一道连加题，第一遍的答案是 2,250，第二遍的答案是 2,241，两个答案相差 9。一般说来，这可能是将某个加数的十位数与个位数颠倒计算了，且这两个数字之差是 1。经查，加数 321 的末两位数相差 1，而且 2 在前面，所以，在一般情况下，大的答案 2,250 是正确的。

（二）错位差错

错位差错是指在计算和抄得数时，对尾数是"0"或带有小数点的数字，因拨珠错档或看错抄错数位发生的差错。如把 1,760 误为 17,600，使计算结果多了 15,840，而 15,840 ÷ 9 = 1,760。只要将差数除以 9（有时再除以 11），看所得商是不是和计算中有的数相同或是它的 1/10，或和计算中某一个数的后半部分数字相同或是它的 1/10。如果存在这种情况，一般说来，是将这个数（或是这个数的部分数）错位了。

在连加中，差数除以九的商与加数或加数的后半部分数相同，则较小的答案正确；若是加数或加数后半部分数的 1/10，则大的答案正确。在连减中则相反。

在加减混合运算中查找错位的那个数，如是加数可按上述连加方法判断，如是减数可按连减方法判断。

【例2】358 + 4,650 + 7,249 + 2,019 + 13,768

若第一遍的答案是 28,044，第二遍的答案是 23,859，两个答案相差 4,185。4,185 ÷ 9 = 465 是加数 4,650 的 1/10，在一般情况下，这是因为将 4,650 误作 465 去加了，因此较大的答案 28,044 是正确的。

（三）正负数差错

在多笔加减混合运算中，把正负号弄反了，该减去的数加上了或该加上的数减去了，这就会产生两倍于该笔数字的错误，即差数除以 2 的商与计算中的某笔数相同。一般来说，凡被打错的数是负数的，较小的答案正确；反之，被打错的数是正数的，则较大的答案正确。

【例3】3,674 + 1,359 − 862 − 654 + 2,876

若第一遍的答案是 641，第二遍的答案是 6,393，两个答案相差 5,752。5,752 ÷ 2 = 2,876。经查，商与最末一项数 2,876 相同，很可能是把 2,876 误作减数减去了，所以，在一般情况下，较大的答案 6,393 是正确的。

（四）漏计或重计差错

在多笔连续加减中，稍一疏忽，有可能漏计一笔数或重计一笔数，而造成差错。这类差错的特点是：两次答案的差数正好是计算数据中的某笔数。到底是漏计还是重计，可通过计算所有最后一列数找出正确答案。

【例4】346 + 725 + 683 + 909 + 842 + 171 + 954 + 210 + 365 + 708

若第一遍的答案是 5,913，第二遍的答案是 5,071，两个答案相差 842。恰巧在加数中有这样一笔数，如果是漏记了 842，则较大的答案 5,913 正确；如果重记了 842，则较小的答案 5,071 正确。到底哪一个正确，累加最后一列数 6 + 5 + 3 + 9 + 2 + 1 + 4 + 0 + 5 + 8，其和的末位数是 3，和较大的答案的末位数相同，说明是漏记 842，较大的答案 5,913 是正确的。

（五）尾数差错

若两次计算的答案在尾数部分不相符，不必全部重算，只要将末尾部分数重新计算一遍即可；如差数是最末二位数，就重新计算最末二位数；如差数是最末三位数，就重新计算最末三位数，这种方法叫作"尾错找尾"。

【例5】346 + 762 + 853 + 910 + 428 + 134 + 781 + 265 + 950 + 907

若第一遍的答案是 6,336，第二遍的答案 6,335，尾数差 1。查找时，不必重新计算各位数，只需看一看十个数的末位数，凡末位数是偶数的舍去不计，末位数是单数的有 853、781、265、907 四个数，把其末位数相加后最末一位数是偶数。一般情况下，第一遍的答案 6,336 是正确的。

（六）拨珠差错

运算中拨珠造成的差错一般有两种情况：第一种是拨珠不稳，力度掌握不好，发生带珠或漂珠而造成的差错；第二种是对凑数、超数不够熟悉，在加减中错误运算造成的差错，如 +3 = +5 −2 误拨成 +3 = +5 −3；−3 = −5 +2 误拨成 −3 = −5 +3，+7 = +2 +5 误拨成 +7 = +3 +5；−7 = −5 −2 误拨成 −7 = −5 −3 等而造成的差错。这类差错的差数一般为 1 或 5，查找时可按"尾错找尾"的方法进行部分验算，不必对所有数重新计算。

（七）抄写得数差错

这也是一种常见错误。主要是初学者对珠码不熟悉或粗心大意，抄写答案时误把 5 抄成 1、把 7 抄成 2，或者把整数运算的最末位 "0" 丢掉造成的。初练时抄完得数后，应再复验一遍，检查一下珠码与数码是否一致，久而久之，对珠码熟悉后就不容易出错了。

上述列举了七种运算中常见的差错，根据差错的特点规律查找，方法可归纳如下：

1. 若两个答案，只是个别位数上的数不符，如 5 与 1，7 与 2 或少 1 多 1，很可能是抄写得数或拨珠错误造成的，查找可按"尾错找尾"的方法进行。

2. 若两个答案相差很多，则需先算出其差数。

（1）若差数与算式中某一笔数相同，则可能是漏打或重打，可根据此笔数的正负确定其正确答案。

（2）若差数是一偶数，除以 2 后商与算式中的某笔数相同，则可能是计算时看错了这笔数的正负号，可根据此笔数的正负确定其正确答案。

（3）若差数是 9 的倍数（或 99，999 的倍数）除以 9 后，商与算式中某笔数相同或是它的 1/10，则可能是把这笔数错档了，可根据错档情况确定其正确答案。

（4）若差数是 9 的倍数，除以 9 的商又不与算式中的某笔数相同（或部分相同），一般情况下可排除错档差错，很可能是数字颠倒造成的差错，可根据商的位数和商中不为零的数查找出颠倒的两数，进而确定其正确答案。

第四节　加减法练习中应注意的几个问题

一、以准为主，准中求快

计算技术好的标准是准与快，准是必须达到的要求，快是全力争取的目标。二者虽有主从之分，但决不能偏废。快而不准毫无意义；准而不快，难以发挥珠算加减应有的作用；既准又快才是我们学习珠算的目的。所以，在练习中要正确处理准与快的关系，不可片面追求速度。首先要练准，在准的基础上，坚持天天练，逐步提高计算速度。

二、分节看数，看算结合

要想运算既准又快，眼、手、脑需要协调配合。

看数的准与快，是拨珠运算的前提。看数不是读数，在看数时切忌默读，这些数字形象并不是通过嘴发音，而是通过眼、脑直接指挥手指拨动算珠的，初练时可看记一节数，拨一节数，在逐步熟练的情况下，要求拨前一节同时看后一节，拨前一笔数看后一笔数，即边看边拨，连续拨珠，看拨不停，要想看拨不停，脑、手的练习也要跟上。运算时，要求迅速看清并记住所计算的数，并认准位，对准档，还要在极短时间内判断如何计算，同时通过大脑指挥手指拨珠运算。手指拨珠的熟练灵活程度是计算速度的关键，练习时要严格按照拨珠要领进行拨珠，做到手指分工明确，配合默契，拨珠敏捷、快速，久而久之实现眼、脑、手的有机结合、协调一致。

三、认真仔细，一丝不苟

在实际工作中，对每笔数的计算，都要认真仔细，决不能有丝毫的含糊，错拨一珠，错看一数，错写一点，都会给工作带来麻烦，甚至给经济工作造成损失。所以，在平时练习时，要认真对待每一道题，运算中一旦发现差错，必须清盘重新运算，力争做到一次打准，不可依赖第二遍、第三遍运算来核对答案，对每一笔数每一道题，从看数、拨珠抄写答案都要准确无误，养成认真仔细、一丝不苟的良好习惯。

四、反复练习，逐步提高

珠算是一门实际操作技能课程，其易学难精，要想真正熟练掌握这门技术，并达到一定技能水平，不是一朝一夕可以实现的，必须发扬"恒"与"专"的精神，以顽强的毅力，坚持天天练。遵循练习—提高—再练习—再提高之规律，循序渐进，持之以恒。

第五节　基本加减法的练习方式和方法

一、练习方式

（一）听算

听算也叫念算和唱算，是通过他人念数来拨算的一种方式。在实际工作中，这种方式常用，一个念数，三人或三人以上拨算，以多数人的得数一致为准，可省略验算，节省时间。在珠算学习初期，运用这种形式，可以锻炼听算者的反应能力、记数能力和指法熟练能力。

练习念算时应注意以下几点：

1. 先定位。

2. 聚精会神，随听随拨，一字一人盘，不能延误。

3. 听得准、跟得上、打得快。

4. 注意数词和量词。

5. 先练连加，后练加减混合，由浅入深、由易到难、由慢到快、循序渐进。

（二）看算

看算是指自己看题自己计算。由于计算资料的不同，看算可分为账表算、传票算和折叠汇总算。

1. 账表算。账表算是根据账簿或表册记载的数字来计算。

2. 传票算。传票算称凭证汇总算或发票算。它是对各种单据或记账凭证进行汇总计算的一种方式。

3. 折叠汇总算。折叠汇总算是将若干张账表或相同报表中的某一相同项目纵栏或横行的数字，折叠并列对齐进行汇总计算。

二、练习方法

（一）定数相加减

所谓定数相加减，就是将固定数字 1、2、3、4、5、6、7、8、9 本身连续相加，得出结果后，再连续从和中一个一个减去，直至减到零。例如：定数"1"相加减 $1+1+\cdots+1=200$，然后再 $200-1-1-1\cdots-1=0$，其他定数也是如此反复练习。

学习初期要求在 1 分钟内：

定数"1"连加 200 次，结果为 200；

定数"2"连加 190 次，结果为 380；

定数"3"连加 180 次，结果为 540；

定数"4"连加 130 次，结果为 520；

定数"5"连加 220 次，结果为 1,100；

定数"6"连加 150 次，结果为 900；

定数"7"连加 140 次，结果为 980；

定数"8"连加 130 次，结果为 1,040；

定数"9"连加 120 次，结果为 1,080。

然后，在 1 分 15 秒内再从定数的和中减去定数本身，直到减完为零。

（二）常数连加减

连加减 625、2,468、16,875、16,835 等常数。如 $625+625+\cdots$，然后从结果中 $-625-625-625-\cdots$，减至零为止。此方法是熟练掌握拨珠指法的很好手段。

学习初期要求在 2 分钟内连加 625 九十次；连加 16,875（或 16,835）六十次；然后，再在 3 分钟内，分别将各常数从它们的和中连减至零。

（三）打百子

所谓"打百子"就是 $1+2+3+4+\cdots+100$，结果为 5,050；然后，再从 5,050 中 -1、-2、$-3\cdots-99$、-100 直到为零。训练中可分为六个阶段进行：

阶段	一	二	三	四	五	六
从 1 加至	24	36	44	66	77	100
和数	300	666	990	2,211	3,003	5,050

分段训练可随时检查运算结果的对错，进而使指法规范化，提高运算的准确性，还可以针对重点数段进行强化训练。加减同时练习，还有利于加减运算能力的平均发展，避免"加"强"减"弱的弊病。

学习初期在加减运算必须准确的前提下，从 1 加到 100，要求在 1 分钟内完成；从 100 减至 0，要求在 1 分 20 秒钟内完成。

（四）加基数打百子

当"打百子"训练到纯熟之后，其拨珠动作已成"条件反射"。为了进一步提高盘上处理数的能力，则变空盘为有一基数，即先把一个基数拨入盘，在此基数上从 1 加到 100，然后再在结果中从 1 减至 100。例如：基数为 123，则先把 123 从第三档（百位档）拨入盘，然后 123 + 1 + 2 + ⋯ + 100 = 5,050 + 123 = 5,173。随后再从 5,173 中从 1 减至 100，结果为 123。当一个基数练熟之后，可再换一个基数进行练习，什么时候练到不因为变换基数而影响打百子的运算速度时，则拨珠指法及运算能力就过关了。

加一个个位数不为零的基数，从 1 加到 100，要求 1 分 15 秒内完成，然后再在 1 分 40 秒内减至零。

（五）见几加几去（从左至右），见几减半回（从右至左）

此种训练法是培养学生一瞬间认清和认准档上数据的能力，做到迅速见几加几，见几减半。见几加几去，就是从左至右把档上的数照数去加；见几减半回，就是从右到左把各档上的数减其半，同时也训练了速算奇数的半数。

例如：

见几加几去（10 次）		见几减半回（10 次）
一　盘	37	37
二　盘	74	74
三　盘	148	148
四　盘	296	296
五　盘	592	592
六　盘	1,184	1,184
七　盘	2,368	2,368
八　盘	4,736	4,736
九　盘	9,472	9,472
十　盘	18,944	18,944

47

（六）趣味练习

珠算基本加减法的练习是十分关键的，它的强弱、成败直接关系到下一步学习。但练习常使人感到枯燥乏味，以至于影响练习成效。为了能激发学生的练习兴趣和热情，收编了一部分趣味练习题，以求在趣味中达到进一步强化训练的目的。

1. 三盘成

先拨上 123、456、789 入盘，然后"见几加几"，连拨三盘，最后个位档上再加 9，得数为 987、654、321。

2. 七盘成

先拨上 123、456、789 入盘，连加七次 123、456、789，最后个位档上再加 9，得 987、654、321，倒过来先减去 9，再从 987、654、321 中连减 123、

456、789 七遍，还原回 123、456、789。

3. 九盘成

先拨上 123、456、789 入盘，再连加九遍，和为 1,234,567,890，然后连减 123、456、789 九遍，还原回 123、456、789。

4. 节日图

将 32、260、738、125 拨入盘，然后从左到右依次见几加几，连加四次，结果为 516,171,810（即劳动节、儿童节、建党节、建军节）

5. 小加减二百盘

连加百次 123、456、789，然后连减百次，从结果看，运算生趣，看盘成形，分段验证，真是"百盘和数成诗意，渐见趣题登云梯"；反之减回，"百盘差数重返回，又像逐级下楼台"。

6. 大加减二百盘

连加百次 987、654、321，然后再连减百次，还原盘上初始数，从结果看，依次优趣，盘盘知次，定时验证，乐又生津。

大小百盘和，列表如下：

和　　加数 盘数	小百盘加算和 123、456、789	大百盘加算和 987、654、321
9	1,111,111,101	8,888,888,889
18	2,222,222,202	17,777,777,778
27	3,333,333,303	26,666,666,667
36	4,444,444,404	35,555,555,556
45	5,555,555,505	44,444,444,445
54	6,666,666,606	53,333,333,334
63	7,777,777,707	62,222,222,223
72	8,888,888,808	71,111,111,112
81	9,999,999,909	80,000,000,001
90	11,111,111,010	88,888,888,890
99	12,222,222,111	97,777,777,779

第四章
简捷加减法

简捷加减法是以基本算法为基础，根据数字的排列和算盘的特点，适当结合心算，简化运算过程的方法。简化法具有其局限性，在运算中要合理选用，以求减少拨珠次数，缩短拨珠时间，从而达到简化运算的目的。

第一节　借减法

借减法也称倒减法，是小数减大数的一种算法。在连减法和加减混合运算中，当遇到被减数小于减数的情况，往往采取颠倒减数与被减数的方法，但珠算可不必如此，而是采用在前一位虚借的方法加大被减数，然后减去减数，以后各笔数值仍采用正常方法计算即该加就加，该减就减，最后根据盘上是否还存在虚借求出结果。

采用借减法运算应遵循以下原则：①不够就借，够还就还；②虚借归一，借大还小；③借后归还，其值为正；④借后未还，其值为负。下面根据不同情况介绍借减法的具体方法。

一、只借不还得负值
当借减法中产生虚借未能归还时，其终值应等于盘上数（以虚借值为齐数）的补数负值。

【例1】 $134 + 267 - 859 = -458$

$$
\begin{array}{r}
134 \\
+）267 \\
\hline
\end{array}
$$

〈1〉401——被减数不足，在前位虚借1，即不够就借的原则
$$-）859$$

542——虚差数

458——虚差数的补数

所以本题的结果应等于 −458

[说明] 本节例题中出现在尖括号内的数字用心默记，并没有在算盘上显示出来。

运用借减法计算当虚借尚未归还，又在同档再次产生虚借时，为减轻记忆负担，采取高位虚借的方法，并将低位已经虚借的 1 同减数一起减去及时还上，即虚借归一、借大还小的原则。

【例2】 732 −514 −627 +145 −1,384 = −1,648

```
              732
       − )    514
      ─────────────
〈1〉  218——被减数不够，千位虚借1
       − )    627
      ─────────────
              591——虚差数
       + )    145
      ─────────────
〈1〉0,736——被减数不够，万位虚借1
       − )  1,384——千位直接减2
       − )    [1]        将千位虚借1归还
      ─────────────
            8,352——虚差数
            1,648——虚差数补数
```

所以本题的结果应等于 −1,648

借减法中多次虚借有时也会出现后次虚借档位低于前次虚借档位的现象，遇此情况应采用高位虚借归一的原则，而不在低位上虚借。

【例3】 546 −723 +139 −986 = −1,024

```
〈1〉  546——被减数不够，千位虚借1
       − )  723
      ─────────────
             823——虚差数
       + )   139
      ─────────────
             962——十位相减时产生虚借，由于千位虚借尚未
       − )   986    归还，故应向万位虚借，即虚借归一的原则
      ─────────────
〈1〉      0,062
```

－） 　　[1]086——归还千位虚借1

$$8,976——虚差数$$
$$1,024——虚差数的补数$$

所以本题的结果应等于 　－1,024

二、随借随还得正值

利用借减法运算时，不足就借，够还应及时还，直到运算完毕。若盘上虚借值都已归还，则最终结果应为正值。

【例4】 $6,274-8,360+5,627=3,541$

〈1〉 6,274——虚借1

－）　　　　8,360

7,914——虚差数

＋）　　　　5,627

[1]　　　3,541——虚借1，实际值为正

所以本题的结果应等于 　3,541

【例5】 $16,375-42,869-27,635+80,316=26,187$

〈1〉 16,375——虚借1

－）　　　　42,869

73,506——虚差数

－）　　　　27,635

45,871——虚差数

＋）　　　　80,316

[1]　　　26,187——归还虚借得正值

所以本题的结果应等于 　26,187

注意：运用借减法计算，无论从哪一档上虚借一，均未实际拨珠。然而，负首位的借一是实际存在的，因此，必须记准虚借档位。

练习题

用借减法计算下列各题：

（1） $58,620-23,247-38,659+13,400=$

（2） $41,365-62,704+2,863+5,268=$

（3） $5,802-6,218-1,304+5,128-2,315=$

51

(4) $1,873 - 5,624 - 3,265 + 8,516 - 1,027 =$

(5) $6,731 + 8,294 - 7,152 - 8,164 - 2,735 =$

(6) $5,102 - 6,308 - 9,257 + 7,684 - 3,051 =$

(7) $6,953 - 4,067 - 6,743 + 2,836 + 3,518 =$

(8) $2,148 - 937 - 396 - 3,599 + 4,820 =$

(9) $2,683 + 245 - 5,761 + 4,369 =$

(10) $3,826 - 7,432 - 42,376 =$

第二节 凑整加减法

在加减运算中，凡加数或减数接近 10 的乘方数的倍数时，就可以先把这个整数加上或减去，同时直观判定出因此而产生的零头差数是多少，然后，再对这个零头差数进行调整。这种方法实际减少了计算位数及拨珠动作，简化了运算过程，从而取得既准又快的效果。

例如：98 接近 100，零头差数为 2。

996 接近 1,000，零头差数为 4。

795 接近 800，零头差数为 5。

一、加整减差数法

在加法运算中，若加数接近某一整数，则可采用加整减差数的方法简化运算。

【例 1】 $478 + 98 = 576$

可以化作 $478 + 100 - 2 = 576$

在实际运算中，零头差数很容易判定，即与求补数的方法的道理相同。

【例 2】 $4,137 + 2,989 = 7,126$

可以化作：$4,137 + 3,000 - 11 = 7,126$

【例 3】 $6,789 + 997 + 998 + 999 = 9,783$

可以化作：$6,789 + 3,000 - 3 - 2 - 1 = 9,783$

二、减整加差数法

在减法运算中，若减数接近某一整数，则可采用减整加差数的方法简化运算。

【例 4】 $3,654 - 1,980 = 1,674$

可以化作：$3,654 - 2,000 + 20 = 1,674$

【例 5】 $6,831 - 3,986 = 2,845$

可以化作：$6,831-4,000+14=2,845$

【例6】$9,843-998-2,997-3,999=1,849$

可以化作：$9,843-1,000+2-3,000+3-4,000+1$

$\qquad\qquad =9,843-8,000+2+3+1$

$\qquad\qquad =1,849$

在运用凑整加减法运算时，必须能熟练地判定出加数（或减数）与接近它的整数之间的差值。其要领是：除整数首位外，加数（或减数）与零头差数之和应遵循：中间各位凑成9，末位凑成10。

例如：19,784接近20,000

计算：零差$=20,000-19,784=216$

判断：末位　$6+4=10$

$\qquad$十位　$1+8=9$

$\qquad$百位　$2+7=9$

$\qquad$千位已满9

经判断19,784的零头差数为216。

练习题

利用凑整法计算下列各题：

（1）$2,837+796-1,998=$

（2）$3,642+988+1,990=$

（3）$4,786+994-4,997=$

（4）$15,789-6,994-398=$

（5）$6,483+1,997-5,989=$

（6）$9,657-4,989-2,991=$

（7）$89,324+82,991-79,996=$

（8）$784+998-799=$

（9）$29,376-19,990+9,994=$

（10）$56,371-4,007-39,996=$

第三节　一目多行加减法

一目多行加减法是心算与珠算相结合，将多行数字求和（或差）一次拨珠入盘的方法。这种方法有助于心算能力的加强。通过必要的练习，可使计算水平超出单一拨珠的速度极限。

一、一目多行加法

(一) 一目多行直加法

直加法是在心算的基础上，将多行同位数字一次求和，并按相应档位拨加入盘的方法，即本位实际值是多少就加多少。根据每一次计算的行数不同，可分为一目双行、一目三行、一目五行等直加法。究竟一目几行要根据心算基础而定，一般由易到难，从双行练起，逐步增加行数，在熟练掌握一目三行的基础上再向一目五行发展。虽然行多难度较大，但可为凑数心算带来极大方便。

【例1】眼看心算

$$
\begin{array}{r}
6,894 \\
+ \quad 5,732 \\
\hline
\end{array}
$$

手拨珠 11

```
      1 5
       12
        6
```

盘上得 12,626

【例2】眼看心算

$$
\begin{array}{r}
38,754 \\
96,218 \\
+40,937 \\
\hline
\end{array}
$$

手拨珠 16

```
       14
      1 8
        9
       19
```

盘上得 175,909

【例3】眼看心算

$$
\begin{array}{r}
7\,3\,9,825 \\
6\,4,381 \\
7,624 \\
9\,3\,6,072 \\
5\,8,139 \\
\hline
\end{array}
$$

手拨珠 16

$$17$$
$$34$$
$$1\ 8$$
$$22$$
$$21$$

盘上得   1,806,041

直加法也可用于连减计算中,即先用直加法求出各笔减数的和,再运用减法减去被减数。

直加法的运用要以快速心算为基础。对于多笔同位数字求和,怎样才能做到既快又准呢?下面列举部分方法及关系表供参考。

1. 凑10法:若相加的几个一位数,其中两个能凑成10,利用加法交换率则应先计算然后再加其他的数。例如:$2+7+8=2+8+7=17$。

2. 倍数法:若相加的几个数相等或相接近,则变加为乘进行计算。例如:$7+7+8=7\times3+1=22$。

3. 等差数列法:若奇数个位数相加且这些数构成等差数列,则用其"中"数乘以数的个数来求和。例如:$4+5+6+7+8=6\times5=30$。

4. 分解法:在运算中经常会遇到不规则数的求和计算,这样可将其中一个数分解后变化成上述三种类型进行计算。例如:$6+8+6=3\times6+2=20$ 或 $6+8+6=(6+4)+(4+6)=20$ 或 $6+8+6=6+8+7-1=21-1=20$。

表4−1   任意两个数码之和的组合表

两数和	2	3	4	5	6	7	8	9	10	11	12	13	14	15	16	17	18
分解后组合情况	1 1	1 2	1 3	1 4	1 5	1 6	1 7	1 8	1 9								
			2 2	2 3	2 4	2 5	2 6	2 7	2 8	2 9							
				3 3	3 4	3 5	3 6	3 7	3 8	3 9							
						4 4	4 5	4 6	4 7	4 8	4 9						
								5 5	5 6	5 7	5 8	5 9					
										6 6	6 7	6 8	6 9				
												7 7	7 8	7 9			
														8 8	8 9		
																9 9	
组数	1	1	2	2	3	3	4	4	5	4	4	3	3	2	2	1	1

55

表4-2　　　　任意三个数码之和的组合表

和数	3	4	5	6	7	8	9	10	11	12	13	14	15	16	17	18	19	20	21	22	23	24	25	26	27
组合情况	1 1 1	1 2 1	1 3 1	1 4 1	1 5 1	1 6 1	1 7 1	1 8 1	1 9 1	2 9 1	3 9 1	4 9 1	5 9 1	6 9 1	7 9 1	8 9 1	9 9 1	9 9 2	9 9 3	9 9 4	9 9 5	9 9 6	9 9 7	9 9 8	9 9 9
			1 2 2	1 3 2	1 4 2	1 5 2	1 6 2	1 7 2	1 8 2	1 8 3	1 8 4	1 8 5	1 8 6	1 8 7	1 8 8	2 8 8	3 8 8	3 9 8	4 9 8	5 9 8	6 9 8	7 9 8	8 9 8		
				2 2 2	1 3 3	1 4 3	1 5 3	1 6 3	1 7 3	1 7 4	1 7 5	1 7 6	1 7 7	2 9 5	2 9 6	2 8 8	3 9 7	4 9 7	5 9 7	6 9 7	7 9 7	8 8 8			
					2 2 3	2 2 4	1 4 4	1 4 5	1 4 6	1 5 6	1 6 6	2 3 9	2 4 9	2 6 8	2 7 8	3 6 9	3 8 8	4 8 8	5 8 8	6 8 8	7 8 8				
						2 3 3	2 2 5	2 2 6	1 5 5	2 2 8	2 2 9	2 4 8	2 5 8	2 7 7	3 5 9	3 7 8	4 6 9	5 6 9	6 6 9	7 7 8					
							2 3 4	2 3 5	2 2 7	2 3 7	2 3 8	2 5 7	2 6 7	3 4 9	3 6 8	4 5 9	4 7 8	5 7 8	6 7 8						
							3 3 3	2 4 4	2 3 6	2 4 6	2 4 7	2 6 6	3 3 9	3 5 8	3 7 7	4 6 8	5 5 9	6 6 8	7 7 7						
								3 3 4	2 4 5	2 5 5	2 5 6	3 3 8	3 4 8	3 6 7	4 4 9	4 7 7	5 6 8	6 7 7							
									3 3 5	3 3 6	3 3 7	3 4 7	3 5 7	4 4 8	4 5 8	5 5 8	5 7 7								
									3 4 4	3 4 5	3 4 6	3 5 6	3 6 6	4 5 7	4 6 7	5 6 7	6 6 7								
										4 4 4	3 5 5	4 4 6	4 4 7	4 6 6	5 5 7	6 6 6									
											4 4 5	4 5 5	4 5 6	5 5 6	5 6 6										
													5 5 5												
组数	1	1	2	3	4	5	7	8	10	11	12	12	13	12	12	11	10	8	7	5	4	3	2	1	1

（二）一目多行提前进位加法

一目多行提前进位加法是直加法的进一步简便算法，即多行同位数求和时所产生的进位值并不单独拨珠，而是与前位数之和一并拨加入盘。利用这种方法计算，首先要求能够果断地判定出后位是否产生进位，进位值是多少。其规律是：计算本位目测后位，后位进位本位增值，后位不进本位照加，后和为9续测下位。

【例4】

3，685
1，742

5——目测后位百位进1直接加，即 3 + 1 + 1 = 5
　4——百位之和的本位加后位进1，即 3 + 1 = 4
　　2——十位之和的本位为2
　　　7——个位之和为7

5，427——结果

【例5】

3 6，578
　9，046
4 1，329

8——直接加后位进的1，即 3 + 4 + 1 = 8
　6——和的本位为6
　　9——百位之和加后进1，即 5 + 3 + 1 = 9
　　　5——十位之和的本位加后位进2，即 3 + 2 = 5
　　　　3——末位之和的本位为3

86，953——结果

（三）一目多行弃九法

这种方法适用于多行纯加法运算。它是假定后一位之和均向前产生进位的一种提前进位方法。根据一次拨加的行数多少，一目多行弃九法一般又分为一目三行弃单九法和一目五行弃双九法。

1. 一目三行弃单九法

这种方法适用于三行纯加法运算。运算时从高位算起，用心算求出三行同位数之和拨珠入盘，当首次遇到三行之和满九时，就在前档进一，并从首次满九位起至末位前的所有中间各位逐位弃九，而末位弃十。若中间各位三行之和超过九，就直接拨加弃九后的余数，若不足九则从盘上拨减差数。弃十与弃九的算法相同。一目三行弃单九法可概括为："三行高位和加一，中间弃九加其余，不够九时减其差，末位和数要弃十，不够弃十减其补，前位减一末位加。"

具体算法的说明如下：

算　　法	说　　明
三行高位和加一	高位不等同于首位，应当是三行之和满9那位的前一位，在高位上首先加1，视为后位提前进的1。
中间弃九加其余	"中间"位是指高位与末位之间的各位。"弃九"是指减9，"加其余"是指弃九后余多少加多少。
不够九时减其差	中间哪位"和"不够弃9，就在哪位上减去欠弃的数，即减去"和"与9的差值。
末位和数要弃十	从末位之和中舍去10，余多少，再加多少。
不够弃十减其补	末位和数小于10时，即不够弃10，在末位上减去和的补数
前位减一末位加	末位不够减"和"的补数，就在其左一档减1，末位照加该"和"数。

一目三行弃九法即三行一小计，我们把这三行称为一段。利用弃九法分段举例如下：

【例6】

```
          7, 36 4, 819
               8, 603
     +)        15 3, 642

          7 5——首位不变，第二位求和加 1 得 5
            +2——舍 9 余 2
            +6——舍 9 余 6
           +1 1——舍 9 余 11
            -4——和为 5，差 4 不够 9，前位借 1 减 4
            +4——舍 10 余 4

          7, 527, 064——结果
```

在具体运算中，要依不同情况灵活运用弃九法。

【例7】

```
          1, 243, 578
            692, 450
             36, 712

          1——首位不变
          9——提前加 1
```

$$7 \text{——弃九余 } 7$$
$$2 \text{——弃九余 } 2$$
$$7 \text{——弃九余 } 7$$
$$4 \text{——弃九余 } 4$$
$$0 \text{——弃十无余}$$

1, 972, 740——结果

【例 8】

第一段	657, 142 20, 831 3, 569	首位 6 直接入盘，第二位（万位）开始提前使用弃九法加 1 得 8，千位弃九余 1，百位弃 9 余 5，十位弃 9 余 4，个位弃 10 余 2，小计 681, 542
第二段	15, 641 43, 725 6, 013	万位提前加 1 得 6，千位弃 9 余 5，百位弃 9 余 4，十位不够弃 9，减欠弃值 9 − 7 = 2，末位减补即 9 的补数 1，小计 65, 379，累计 746, 921
第三段	375, 421 42, 630 1, 872	首位提前加 1 得 4，万位弃 9 余 2，千位弃 9 欠 1 应减 1，百位弃 9 余 9，十位弃 9 余 3，个位不够弃 10 应减补数，但盘上示数不够减补数 7，则十位减 1、个位加 3，小计 419, 923，累计 1, 166, 844
第四段	346, 100 198, 200 605, 000	百万位直接进 1，十万位弃 9 余 1，万位弃 9 余 4，千位弃 9 余 10，百位直接减 7（即 3 的补数 7），小计 1, 149, 300，结果为 2, 316, 144

59

实践证明：①弃九法中弃九弃十并不需要先求出三行之和再减九减十，而应利用三行数字凑九凑十达到弃九弃十得出差数的目的，然后再进行超加余、欠减差的运算；②用弃九法运算，遇到该位数字大时较容易，小时反而难。而直加法与弃九法的难易情况恰恰相反，如果我们能将直加法与弃九法相结合运用，则会化难为易，从而进一步提高其计算速度。

2. 一目五行弃双九法

经计算机对随机数的概率统计，五个一位数码相加之和大于 20 的可能性在 80% 以上，即五行同位数求和多数情况可向前位进二。假设末位满 20（双十）中间各位满 18（双九），我们采取提前进位方法，便得出一目五行弃双九算法："高位和加二，中间弃双九，末位弃双十，超弃加其余，欠弃减其差"。

一目五行弃双九法与一目三行弃单九法的道理相同，但这里超弃或欠弃的值均应与双九或双十相比较求得。

下面举例说明：

【例 9】

2 10, 486
54, 732
7 92, 104

83, 925
1 09, 847
_____

12——高位和加二
+5——弃双九余五
0——弃双九无余
+1 1——弃双九余 11
−1——弃双九欠 1
+4——弃双十余 4
_____

1, 251, 094——结果

采用弃九法运算时，不应机械地使用哪一种方法，而应根据数字的不同情况灵活运用。即如遇到五行中各行数的位数相近时，宜用一目五行弃双九法；如遇五行中各行数的位数相差较多时，宜用一目三行弃单九法。还可将三行、五行结合在一起应用，只需在最先弃双九的前一位多加 1。下面举例说明：

【例 10】

29, 210, 364
621, 835
1, 547, 289
67, 523
3, 947
_____

+3——高位提前进 1
+1——弃 9 余 1
+4——弃 9 余 4
+5——弃 9 余 4，由下位改成弃双九，故再加 1
0——弃双九无余
+9——弃双九余 9
+5——弃双九余 5
+8——弃双十余 8
_____

31, 450, 958——结果

练习题

用一目多行直加法、提前进位法或弃九法计算下列各题：

(1)   4, 607   (2)   51, 276
7, 610, 895   49, 867, 857
98, 364   58, 956

	5, 837, 437		5, 854, 202
	486, 302		48, 355, 508
	204, 586, 486		49, 956
	39, 486, 387		9, 945, 498
	2, 865		490, 782

（3）
54, 203
61, 345
85, 093, 714
6, 852
2, 849, 301
490, 782
57, 968, 102
6, 759, 183

（4）
70, 486
16, 802, 975
126, 597
2, 849, 301
85, 588, 102
4, 713, 260
76, 208
26, 807, 951

（5）
54. 98
5, 691. 43
190, 576. 28
708. 62
6, 925. 71
85, 623. 17
328, 045. 96
91, 802. 43

（6）
29. 87
7, 013. 24
32, 908. 41
463, 708. 52
93. 03
71, 326. 58
297, 805. 42
9, 436. 47

（7）
760. 28
34, 675. 98
9, 345. 62
134, 256. 79
20, 324. 30
100. 99
4, 466. 45
345, 254. 56

（8）
48. 59
346. 98
258, 374. 21
2, 435. 44
355. 09
387, 355. 01
355. 56
446. 65

（9）
4, 457. 46
24, 454. 66
466. 69

（10）
65, 575, 536
4, 467, 657
655, 367, 204

5, 486. 30	54, 356, 366
134, 325. 24	4, 435
2, 255. 45	79, 769, 327
40, 346. 25	9, 567, 965
4, 547. 32	987, 377, 001

二、一目多行加减抵消法

一目多行加减抵消法适用于加减混合运算。它是把加数和减数的同位数字相互抵消，加数为正，减数为负，根据差数的正负，在算盘拨加或减的算法。如 463 - 291 百位 4 大于 2，则加差值 2，十位 6 小于 9，则减差值 3，个位 3 大于 1，则加差值 2。根据一次计算的加减行数不同，抵消法又分为以下几种方法：

（一）一目双行抵消法

这种算法适应于一加一减两行求和算题，同位数字相抵，抵消后，值正则加，值负则减。

【例 11】

$$85, 273$$
$$-61, 845$$

逐位拨加或拨减：   2
$$4$$
$$-6$$
$$3$$
$$-2$$

$$23, 428$$——结果

（二）一目三行抵消法

1. 两加一减相抵消：此方法是两加数之和与减数相抵消，或直接与一加数相抵消，余下再求和，值正则加，值负则减。

【例 12】

$$2, 765, 381$$
$$+5, 419, 027$$
$$-4, 826, 539$$

逐位拨和或差
$$3$$

$$3$$
$$5$$
$$8$$
$$-2$$
$$7$$
$$-1$$

—————————————

3, 357, 869——结果

【例 13】

9, 647, 285
−4, 286, 937
2, 831, 726

—————————————

逐位拨加或拨减
7
1 2
−1
2
0
7
4

—————————————

8, 192, 074——结果

2. 一加两减相抵消：加数与两减数之和相抵消或直接与减数相抵消，而后再求和计算。

【例 14】

−3, 870, 615
6, 235, 489
−2, 341, 706

—————————————

逐位拨加或拨减
1
−9
−8
+4
−9
+7
−2

—————————————

23, 168——结果

一目三行抵消法一般在同号两笔数相邻的情况下应用较方便。因此，在相隔时则可变为一目二行抵消法进行运算。同时，我们在一目多行加减法运算中，应当灵活运用所学的简算法，若能将直加法、提前进位法、弃九法、抵消法结合应用，将会收到事半功倍的效果。

练习题

用抵消法计算下列各题：

（1）	70, 345	（2）	897, 867
	$-4, 896$		86, 571, 209
	16, 802, 354		$-437, 355$
	$-3, 346, 879$		$-4, 445, 908$
	4, 467, 436		456, 466
	$-4, 465, 454$		$-466, 896$
	8, 266, 546		5, 897, 254
	$-456, 435$		$-56, 346$

（3）	9, 354	（4）	5, 457, 347
	465, 235		356, 466, 215
	$-43, 325$		$-68, 890, 438$
	$-4, 436$		4, 009, 654
	215, 457		467, 267, 215
	345, 156, 355		$-156, 325, 327$
	$-15, 790, 368$		4, 467, 266
	$-3, 315, 321$		4, 325

（5）	3, 456	（6）	68, 547
	56, 366		465, 456, 870
	4, 466, 876		$-57, 453, 466$
	$-342, 432$		$-464, 658$
	465, 234, 679		5, 467, 465
	235, 243		54, 435, 346
	$-3, 355, 355$		$-7, 768, 786$
	$-166, 436, 768$		4, 356, 769

（7）	21. 35	（8）	35, 345. 43

$$
\begin{array}{r}
23,436.54 \\
-436.79 \\
-4,436.54 \\
5,456,366.90 \\
-453,568.09 \\
-347,760.95 \\
466,780.01 \\
\hline
\end{array}
\qquad
\begin{array}{r}
2,325,235.70 \\
-457,453.56 \\
-5,576.35 \\
577,356.37 \\
-5,345.67 \\
25,266,265.43 \\
-8,769,976.43 \\
\hline
\end{array}
$$

$$
(9)
\begin{array}{r}
92.67 \\
2,345.69 \\
-345.60 \\
32,325.79 \\
-4,346.57 \\
2,436.98 \\
2,235,235.69 \\
-456,675.07 \\
\hline
\end{array}
\qquad
(10)
\begin{array}{r}
55,453.78 \\
256,436.15 \\
-46,267.87 \\
3,235,215.09 \\
-567,543.43 \\
57,435,345.36 \\
-567,435.45 \\
-477,367.24 \\
\hline
\end{array}
$$

三、穿梭法

在计算多笔连续加减时，可从首位到末位，再从末位到首位，又从首位到末位……以此类推，做左右往返运算，以缩短手指空移的时间。这种首尾相连的运算方法称为穿梭法，又称来回打法或往复式算法。

其优点是：①节省了按一个顺序拨珠时手往返的空移时间；②由于运算时相邻的两行数字首或尾是相连的，故可减轻抬手换位找起拨档的负担；③可以避免在大进位算题中忽前忽后的拨珠动作所产生的串档错位现象。

例：

第一行　93,724.65 →

第二行　　　410.39 ←

第三行　2,536.71 →

第四行　31,724.06 ←

128,395.81——结果

采用穿梭法从低位向高位运算时，可将进位（或借位）同前位加数（或减数）一并拨珠入盘，从而减少拨珠次数。穿梭法还可与直加法、抵消法等相结合，进行一目双行穿梭运算和一目三行穿梭运算。

例：

$$
\begin{array}{r}
\longrightarrow \\
67,429 \\
-15,368 \\
\longleftarrow \\
3,901 \\
2,784 \\
\longrightarrow \\
-9,456 \\
278 \\
\hline
49,568
\end{array}
$$

67,429
−15,368　　第一、二行从前至后用抵消法运算

3,901
2,784　　第三、四行从后向前用直加法运算

−9,456
278　　第五、六行从前至后用抵消法运算

49,568——结果

这种方法必须在熟练档次和具有较强认数能力的前提下，对拨珠习惯经过一个练习适应过程，才能做到运用自如，从而提高实际运算速度。

练习题

用穿梭法计算下列各题：

(1)	(2)
679,979	5,435
3,355,768	54,565,356
57,777	−6,477,708
−345,436	1,244,134
34,214,457	−5,708,478
−453,543	435,435
−7,700,458	−453,796
35,769,564	547,346,547

(3)	(4)
34,790	5,689,548
2,245,760	657,780,218
−346,769	−99,478,476
−346,870	457,870,346
23,346,877	−45,564,234
−233,769	−325,769,239

	5, 437, 728		57, 769, 457
	− 4, 354, 346		67, 345, 708
	————————		————————

（5）	5, 236	（6）	5, 548, 769
	5, 368, 879		600, 500, 568
	− 324, 435		− 6, 477, 238
	25, 769, 004		− 435, 456
	− 24, 366, 657		54, 435, 568
	4, 342, 456		− 435, 354
	35, 342, 878		567, 657
	− 566, 769		5, 453, 646
	————————		————————

（7）	5, 456. 56	（8）	45, 567. 67
	56, 345. 54		89, 769. 06
	− 56, 156. 46		− 7, 689. 01
	− 6, 546. 87		− 123. 11
	567, 346. 08		546, 456. 10
	− 23, 111. 09		− 345. 98
	− 8, 654. 99		76, 326. 07
	24, 436. 56		78, 588. 88
	————————		————————

（9）	34. 56	（10）	3, 678. 09
	234, 435. 98		34, 346. 89
	− 45, 346. 12		− 767. 97
	− 657. 86		7, 987. 76
	234. 45		− 21, 325. 45
	21, 345. 98		98, 877. 79
	− 758. 90		89. 01
	8, 758. 08		768, 877. 23
	————————		————————

第五章
传票算与账表算

传票算与账表算是会计、出纳、统计等日常工作的主要业务，是珠算技术的重要组成部分，在实际工作中应用极其广泛，掌握其操作技术是银行工作的一项极为重要的基本功，也是珠算考核和竞赛的主要项目。为此，学习和训练传票算和账表算是非常必要的。

第一节　传票算

传票算也叫凭证算，在银行会计工作中，当天的全部账务都要轧平。每日营业终了结账时，对已办完会计核算手续的凭证，要按科目分别加计借、贷方发生额总数。为此，银行会计人员每天必须要翻打很多传票，所以说传票算是银行工作的基本功。

一、传票的规格和题型

以全国珠算比赛使用的传票为例，其规格为长 18 厘米、宽 8 厘米。通常是订本式，每本 100 页（页码数印在右上角），每页印有 5 行数，最多 8 位，最少 4 位，每笔数均带两位小数，表示金额单位。每行数从上到下依次标有（一）（二）（三）（四）（五）表示行数。每页的规格如下图所示：

	44
（一）	1,064.89
（二）	481,206.73
（三）	367.42
（四）	70,926.54
（五）	68.25

我国珠算比赛和考核传票算采用限时不限量的办法，即每场 15 分钟。传票算题是 20 页为一题，每页只计算一行数字，把这 20 页的同一行数字连加起来，就得出这道题的结果。下表为传票算题型：

序　号	起止页数	行　数	答　　案
一	31—50	（二）	
二	6—25	（四）	
三	45—64	（五）	
四	57—76	（三）	
五	66—85	（一）	

上表中的"序号"表示第几道题，"起止页数"表示传票从第几页开始算到第几页为止，"行数"表示该题每页均打第几行数字，"答案"表示该题的计算结果。例如：上表中的"一"表示第一题，"31—50"表示传票从 31 页开始（包括第 31 页）到 50 页为止，"（二）"表示每页均打第二行数字，计算结果写在第一题答案栏里。

二、传票算的基本功

左手翻传票与右手拨珠计算合起来就是翻打传票，要求左右手配合协调，各环节衔接紧凑，以提高计算速度。

（一）将传票捻成扇面

在进行传票运算前，先要检查有无少页、重页、破页和沾页的情况。为了便于翻页运算，首先把传票捻成扇面形状。其方法是：左手拿住传票的左上角，右手拿住传票的右部，两手大拇指在封面上，其他四指在下，以左手为轴，右手轻轻向胸前转动，将传票捻成扇面形状，扇形的大小要以上页的右下方稍突出下面一页即可，不宜过大或过小。捻好后用夹子将传票左上角夹住，再用一较小的夹子夹住传票右下角底页，这样便于接近 100 的页码翻页。由于在比赛或考核时将传票捻成扇面的时间很短，所以平时要多加练习，一般要求右手向胸前转动两三次即成。

（二）找页的方法

传票算不是按照传票的自然页数往下运算，而是每一题都有起止页数，每算一题都需要找页。因此，找页也是一个很重要的环节。找页要求翻动传票两三次就能找到。为了节省时间，当算完一题，在右手抄写答数的同时，左手就要借助眼睛的余光迅速找页。当然，一边集中注意力抄写答数，一边找页是很困难的，但起码要做到快速确定下一题是顺向找页还是逆向找页，左手就要做顺翻或逆翻的动作。找页动作的快慢，直接影响打传票的速度，练习时，要按一定的方法进行。其练习方法是：首先用手摸 100 页传票有多厚、90 页传票有多厚……20 页传票有多厚、10 页传票有多厚，经过一段时间的反复练习，做到凭手感一次能摸翻 20 页、30 页……90 页传票。在上述找页的基础上，再熟练找传票题的开始页。练习时，可以任意念一个页码，凭手感翻到其整数页，然后再调整页数找到其起始页。例如，念 67 页，凭手感找 70 页的厚度，再略少翻几页，迅速用左手向前（或后）稍调整一下页码，就可翻到 67 页。一般只能翻三次传票就要找到默念的页码。

（三）翻页的方法

传票翻页是靠左手完成的。首先用左手的小指、无名指、中指弯曲放在传票封面（或开始页）的中部或中部稍左，然后用左手拇指的突出部位翻页，当拇指翻起每一页传票后，食指很快放进刚翻起的一页传票下面，将这页传票卡住。左手翻页和右手拨珠计算要同时进行，每翻动一页，均迅速将数拨入盘内，票页不宜掀得过高，角度越小越好，以能看清数据为宜。

（四）记页的方法

传票算是在 100 页内随便出题的。为了避免打过页或打错页，最好打一页记一页，默记到 20 页，再核对该题的起止页码，如正确无误，写上答案。记页在边翻页边运算中较难记住，所以平时要加强训练。在训练中，运算的数据不要默念，只要凭数字的字形反应直接指挥手指拨珠，心里只需默记页数，如此反复练习，就会习惯记页。

在练习传票算时，往往出现打打停停，翻页、看数、拨珠才能同时进行。这是传票算基本功没过关的具体表现。若按上述练功法，坚持不懈地多练，能把每个动作互相配合好，使之协调一致，传票算的水平自然就会提高。

三、传票算的方法

首先将捻成扇面的传票，翻到要计算的开始页，然后左手一边翻页，右手一边拨珠，直到计算完毕。

（一）一次翻一页的打法

一次翻一页的打法是一次翻起一页后，把需要计算的数字拨加在算盘上，然后再翻起一页，继续拨加，直到计算完为止。这种翻打方法一般是从高位数字开始，依次拨入，要求大拇指翻传票要快，本页数字拨加完毕以后，要迅速用食指夹住，大拇指继续翻下页。这种打法是最基本的方法。

（二）穿梭迭加打法

穿梭迭加打法是"穿梭""迭加"有机结合起来的一种打法。"穿梭"打同前面加法穿梭一样，先从高位到低位，翻到次页后，再从低位到高位，像摆钟一样来回运转。这样不仅能够省去手指从低位到高位的运动时间，而且翻页准，计算也准，正好是十个来回。如第一页是从高位到低位，最后一页则是从低位到高位，否则是错误的。"迭加"打是指本页末一位数或两位数字与下页最末一位数或两位数字通过心算，直接把和拨入盘内。例如，计算传票 P21—P40 的第一行数，假设数字如下：

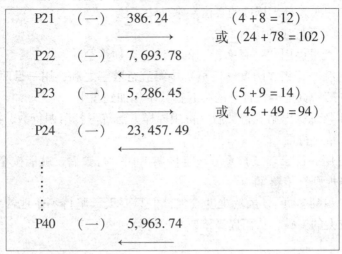

本题首页上第一行数 386.24 从左向右拨入盘，当拨到个位数 4 时与下页（即第 22 页）的第一行数字的最末位数 8 合并相加为 12 一次入盘，然后再从右向左的顺序将第一行数的剩余部分 7,693.7 拨入盘。照此方法也可以进行两位数迭加计算，即先把首页第一行数的 386 从左向右拨入盘，剩余的两位数 24 与下页相对应的两位数 78 相加为 102 一次入盘，然后再从右向左把剩余的数 7,693 拨入盘。依此类推，直至算完本题。这样通过心算减少了拨珠次数，从而加快了运算速度。

（三）一次翻多页的打法

1. 一翻两页打法

一翻两页打法是将中指、无名指和小指放在传票封面中部或中部偏左，当大拇指翻起一页后，食指便迅速抵在掀过页背面，大拇指又迅速翻起一页，使两页有一定间隙（两页掀起的高度与间隙以能同时看到两页的同行数字为宜），心算两页同一行数字之和，将其和一次拨加在算盘上。当和数的最后一个数字拨入盘时，拇指迅速将这两页翻过，食指挡住，以同样的方法继续翻下两页进行计算，直至算完为止。

2. 一翻三、四、五页打法

（1）一翻三页打法。它是将无名指和小指压在传票的上面，先用中指挑起始页，食指挑起第二页，拇指挑起第三页，使三页之间均有一定间隙，再用一目三行心算法求出其和一次入盘。

（2）一翻四页打法。采用无名指挑起始页，中指挑起第二页，食指挑起第三页，拇指挑起第四页的翻页方法，再用一目四行心算法求出其和一次入盘，算过的页由小指压住。

（3）一翻五页打法。采用小指挑起始页，无名指挑起第二页，中指挑起第三页，食指挑起第四页，拇指挑起第五页的翻页方法，再用一目五行心算法求出其和一次入盘，算过的页由左掌外边压住。

3. 一翻多页打法的练习方法

（1）每天早晨用"一目多行"的方法心算加算题。

（2）熟练心算相邻两页（三页）中第五行数字之和，用一目两（三）页法，依次将第一页至第一百页的第五行数字相加到盘上。

（3）能熟练算出第五行数后，再用同样方法练习打第四行数、第三行数、第二行数、第一行数。

（4）可用一目二（三）页方法打传票上任一行数后，就能按全国珠算比赛题及比赛规则打传票了。

初学"一翻多页"，虽然难度较大，但只要天天坚持不懈地苦练加巧练，一定会有较大的突破，从而提高传票算的计算速度。

珠算传票算练习题

传票算题（一）

限时10分钟　　　　　根据传票所列数字计算下列各题

题序	起止页数	行次	答　数	题序	起止页数	行次	答　数
一	31—50	（一）		十六	56—75	（三）	
二	14—33	（四）		十七	27—46	（五）	
三	28—47	（二）		十八	78—97	（二）	
四	68—87	（五）		十九	1—20	（四）	
五	52—71	（三）		廿	69—88	（一）	
六	42—61	（一）		廿一	55—74	（三）	
七	63—82	（四）		廿二	38—57	（五）	
八	16—35	（二）		廿三	29—48	（二）	
九	46—65	（五）		廿四	76—95	（四）	
十	70—89	（三）		廿五	3—22	（一）	
十一	39—58	（一）		廿六	30—49	（三）	
十二	44—63	（四）		廿七	27—46	（五）	
十三	71—90	（二）		廿八	4—23	（二）	
十四	67—86	（五）		廿九	31—50	（四）	
十五	45—64	（三）		三十	43—62	（一）	

传票算题（二）

限时 10 分钟　　　　　　　根据传票所列数字计算下列各题

题序	起止页数	行次	答　数	题序	起止页数	行次	答　数
一	26—45	（三）		十六	29—48	（五）	
二	74—93	（一）		十七	7—26	（二）	
三	80—99	（四）		十八	15—34	（四）	
四	48—67	（二）		十九	61—80	（一）	
五	75—94	（五）		廿	8—27	（三）	
六	57—76	（三）		廿一	58—77	（五）	
七	49—68	（一）		廿二	62—81	（二）	
八	76—95	（四）		廿三	9—28	（四）	
九	38—57	（二）		廿四	49—68	（一）	
十	50—69	（五）		廿五	63—82	（三）	
十一	46—65	（三）		廿六	10—29	（五）	
十二	24—43	（一）		廿七	53—72	（二）	
十三	51—70	（四）		廿八	64—83	（四）	
十四	28—47	（二）		廿九	11—30	（一）	
十五	25—44	（五）		三十	37—56	（三）	

第二节　账表算

　　账表算是会计工作中日常结账和汇总数字的重要方法。在一张账表中，数据要进行纵横加总，要求纵横双方总额轧平。其最突出的一个问题就是"准"，通过学练账表算可以培养一丝不苟的工作精神。

一、账表算题型及计分办法

　　目前，全国标准账表算题，纵向 5 个，横向 20 个，要求纵横轧平，结出总数。一般有三张账表，限时 15 分钟。账表中各行数字最少 4 位数，最多 9 位数，纵向每题 120 个数码，由 4—8 位数各四行组成；横向每题 30 个数码，由 4—8 位数各一行组成；均为整数，不带角分。纵向第四题和第五题中各有两笔负数，并分别排列在横向四个题中。

　　每张账表纵向 5 题，每题 14 分，横向 20 题，每题 4 分，纵横均算准计150 分，"轧平"再加 50 分，算平一张账表共计 200 分。要求按顺序算题，前表不打完，后表不计分。账表算题型附后。

二、账表算的方法

（一）账表纵向题打法

根据自己加减算的习惯打法进行。为了提高计算速度，纵向题应采用"一目二（三）行加减法"或"一目五行加减法"进行计算，其有关算法及训练法在简捷加减法中已详细介绍了，这里就不再重述。

（二）账表横向题打法

1. 一目一行打法

横向题计算时，把算盘放在该题上方，以便算后抄写答案。可采用传票中的穿梭迭加打法。首先将第一笔数按从左到右的顺序拨入盘上，在拨最后一位数时与第二笔数的最后一位数迭加，将其和一次拨入盘内，随后将第二笔数剩余部分从右至左拨入盘内。再从左至右将第三笔数拨入盘……这样依此类推，直至该题计算完毕，抄写答案。为了使算盘靠近所计算的数据，算盘就要随着每行数字的计算完毕向下移动，或将账表向上移动（算盘有脚，与桌面有空隙）。

2. 一目二（三）行打法

在熟练掌握了一目一行打法的基础上，可一次心算横行相邻两数同数位上对应数字之和，将其和一次拨入盘内。其心算过程如图 5-1 所示。

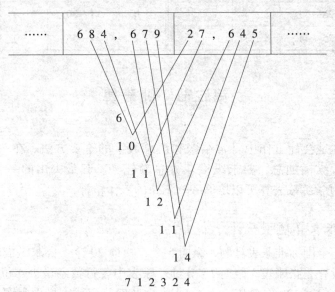

图 5-1 横向一目二行心算过程

一目二横行熟练掌握之后，可上升到一次心算三横行。初学一目二（三）横行打法时，最大的难点是横向对位相加，平时必须加强练习，最常见的练习方法是每天抽出一点时间，单独进行横向对位心算练习，一定会收到良好的效果。

珠算账表算练习题　（一）

限时 10 分钟

序号	一	二	三	四	五	合　计
一	8,069	57,828	2,458,626	239,747	69,247,058	
二	27,290,354	7,843,604	26,987	6,502	890,743	
三	73,062	654,982	4,232	76,598,478	9,672,508	
四	7,092,435	86,793,465	301,874	26,259	6,243	
五	547,628	5,273	28,947,062	7,309,684	37,895	
六	68,743	4,892,506	6,758	95,764,023	-968,724	
七	5,962	93,670,872	85,068	-820,417	8,427,950	
八	7,208,537	293,405	94,672,785	86,930	5,447	
九	475,980	67,683	2,849,430	2,476	60,827,589	
十	35,806,474	2,056	223,489	9,867,205	96,314	
十一	92,674,068	9,754,832	459,723	30,846	7,506	
十二	2,457	81,460	5,637,978	-678,269	24,905,781	
十三	8,345,620	407,627	9,023	47,590,768	37,856	
十四	908,874	57,692,064	60,597	8,523	4,869,432	
十五	47,896	6,729	30,547,621	6,539,874	782,085	
十六	6,785	789,640	8,204,579	90,248,235	56,274	
十七	9,374,086	28,574,289	79,206	5,784	-437,560	
十八	809,564	82,057	3,574	3,768,920	23,695,427	
十九	20,715,689	3,647,978	584,286	50,746	2,809	
二十	29,743	8,567	78,026,495	467,032	2,908,842	
合计						

珠算账表算练习题　（二）

限时 10 分钟

序号	一	二	三	四	五	合　计
一	769,442	7,493	93,865,064	5,308,426	35,207	
二	65,480,876	2,593,606	49,863	1,708	289,693	
三	3,048	57,842	9,672,640	-438,765	68,465,072	
四	5,084,937	50,288,467	397,256	96,478	1,468	
五	58,044	476,824	6,934	54,783,692	8,954,702	
六	37,204,659	4,076	498,628	8,295,407	81,396	
七	657,820	45,923	4,268,930	4,696	10,845,728	
八	42,693	6,384,704	9,572	87,596,043	-862,549	
九	7,844	83,650,294	27,043	349,695	2,695,870	
十	9,402,735	488,607	86,194,527	24,830	7,965	
十一	65,286	6,948	30,765,649	9,738,256	584,027	
十二	802,355	75,984,046	90,785	2,748	6,218,934	
十三	84,956,042	8,576,289	678,349	30,264	5,706	
十四	4,675	89,660	7,439,852	-652,408	46,807,539	
十五	2,367,146	605,849	8,043	69,780,512	39,275	
十六	48,963	2,765	52,094,687	615,034	9,802,864	
十七	46,597,428	3,465,892	726,436	76,569	4,208	
十八	6,587	928,660	2,409,758	80,962,437	76,456	
十九	8,396,024	92,756,488	58,404	7,529	-689,710	
二十	208,796	24,975	8,756	3,942,840	93,187,645	
合计						

珠算账表算练习题 （三）

限时 10 分钟

序号	一	二	三	四	五	合 计
一	28,659	576,349	6,489	25,738,647	3,429,706	
二	42,980,876	2,748,506	95,362	−5,709	230,648	
三	764,594	7,948	48,362,059	2,808,546	82,407	
四	2,039,487	20,738,567	804,726	45,978	5,968	
五	8,953	27,896	4,674,590	938,462	53,962,072	
六	52,648	6,839,705	5,272	37,246,698	−357,924	
七	627,340	52,478	9,163,480	9,645	50,982,743	
八	87,105,624	9,075	948,643	3,752,907	35,846	
九	7,359	38,520,249	67,058	890,642	2,642,370	
十	4,902,782	938,607	36,549,247	25,380	7,642	
十一	39,426,054	3,276,284	678,894	80,765	2,705	
十二	301,824	72,489,056	50,732	2,798	6,453,489	
十三	2,867,590	602,394	3,098	64,730,256	84,675	
十四	9,672	84,650	7,584,327	521,903	96,307,284	
十五	62,435	5,493	80,762,594	−4,783,726	289,047	
十六	5,287	423,560	2,904,723	30,467,987	75,926	
十七	90,247,573	8,562,347	716,985	70,264	9,703	
十八	103,746	29,072	8,726	8,457,390	48,587,692	
十九	3,846,045	47,726,983	23,905	7,264	−684,750	
二十	93,468	2,752	27,045,637	652,089	4,302,869	
合计						

珠算账表算练习题 （四）

限时 10 分钟

序号	一	二	三	四	五	合 计
一	4,078	92,734	6,524,780	348,659	78,359,024	
二	9,083,612	90,486,752	706,495	67,828	7,352	
三	256,984	2,861	62,859,073	9,708,745	29,402	
四	69,386,125	9,467,705	37,849	7,203	480,657	
五	96,073	725,843	5,643	97,284,564	8,693,204	
六	42,407,596	3,627	367,548	8,479,362	87,265	
七	2,873	84,790,468	42,072	−280,569	4,569,820	
八	6,304,219	386,502	85,768,942	47,820	2,659	
九	592,840	79,641	3,458,640	3,567	70,139,248	
十	74,502	5,783,207	7,924	82,965,084	−874,936	
十一	59,487	7,638	10,259,786	6,278,495	973,042	
十二	8,529	46,570	2,746,894	794,368	35,802,926	
十三	4,652,730	509,836	8,081	56,280,974	26,427	
十四	804,496	29,683,075	70,289	4,231	5,478,613	
十五	83,695,074	8,925,476	528,736	20,457	9,247	
十六	38,654	4,279	94,067,582	−579,073	6,804,253	
十七	8,165,047	64,295,368	98,307	2,946	−546,270	
十八	408,265	43,029	4,295	2,674,830	67,782,539	
十九	30,962,748	4,759,864	245,867	20,956	3,468	
二十	7,962	648,750	4,806,298	80,654,342	27,395	
合计						

班级	姓名	学号

账　表　算　题　型

题序	一	二	三	四	五	纵向题 作题	纵向题 对题	纵向题 分数	横向题 作题	横向题 对题	横向题 分数	轧平加分	总分数	评分	复核	合计
一	8,134,086	6,224	92,631	65,137,108	742,615											
二	72,653	47,620,312	701,426	7,283,614	8,397											
三	918,472	47,805	2,658,013	9,271	90,173,582											
四	3,809,145	83,419,067	4,921	691,086	69,048											
五	41,796	5,781	943,564	73,518,964	4,852,901											
六	94,350,817	9,863,170	6,239	-703,492	17,462											
七	7,204	902,817	49,370,185	32,189	-7,230,659											
八	61,524,978	6,470	138,507	4,650,913	63,147											
九	785,263	8,693,625	78,043,612	65,190	4,028											
十	9,405	6,037,192	65,320	46,301,252	741,860											
十一	45,916,084	378,601	7,859,042	6,728	87,905											
十二	45,920	51,920,938	7,415	-1,074,219	520,387											
十三	7,205	39,427	9,200,968	982,547	73,854,219											
十四	30,362	9,512,084	65,071,891	6,085	-908,156											
十五	586,370	5,265	82,439	8,747,506	87,543,602											
十六	8,701,523	56,423	193,085	53,920,417	7,568											
十七	3,268	371,549	52,819,647	32,840	2,463,895											
十八	23,498,045	85,138	7,916,504	819,562	4,138											
十九	2,103,876	759,304	35,748	3,284	34,052,901											
二十	619,237	36,487,958	8,357	76,035	3,839,621											
合计																

行次

第六章
珠算基本乘法

求一个数的若干倍的运算方法叫乘法。也是求若干个相同数相加之和的简捷算法。

珠算乘法是建立在加法及乘法的"大九九"口诀基础上的。因此，学好乘法的关键是必须熟练掌握"大九九"口诀及运用自如的加法。

珠算乘法按运算顺序和置数位置不同，可分为后乘法和前乘法。后乘法有隔位乘和不隔位乘两类。不隔位乘又分为破头乘、留头乘和掉尾乘等。以上各种方法在运算时都要先将被乘数拨入算盘，统称置数乘法。此外，还有不置数乘法，运算时被乘数与乘数均不拨入算盘，而只将乘积直接拨珠入盘，所以也叫空盘乘法。空盘乘法又可分为空盘前乘法和空盘后乘法。根据实际业务需要，本章重点介绍破头乘法和空盘前乘法。

第一节　乘法口诀

珠算乘法和笔算一样，都要用口诀运算。要使珠算乘法打得既准又快，必须熟读乘法口诀。乘法口诀分"大九九"口诀和"小九九"口诀。"大九九"口诀包括乘数一至九与被乘数一至九相乘的八十一句口诀，"小九九"口诀省略了大数读在前小数读在后的三十六句，只有四十五句。

"大九九"口诀能适应各种乘法的算题，不用颠倒乘数和被乘数的位置，便于默记乘数，不易发生差错，因此在珠算乘法口诀中，以采用"大九九"口诀为宜。"大九九"口诀见表6-1。

"大九九"口诀每句四个字，由三个数组成。第一个字是乘数，第二个字是被乘数，后面两个字是积数。为了防止运算中加错档次，凡乘积是一位的，十位则以"0"代替，如三二06、二四08等，运算时均作两位看待。

为了不影响运算速度，不可为口诀加字，如"五九45"应读作"五九四

"五"，不要读"五九四十五"。

表 6 - 1　　　　　　　　　　乘法"大九九"口诀表

×	一	二	三	四	五	六	七	八	九
一	一一 01	一二 02	一三 03	一四 04	一五 05	一六 06	一七 07	一八 08	一九 09
二	二一 02	二二 04	二三 06	二四 08	二五 10	二六 12	二七 14	二八 16	二九 18
三	三一 03	三二 06	三三 09	三四 12	三五 15	三六 18	三七 21	三八 24	三九 27
四	四一 04	四二 08	四三 12	四四 16	四五 20	四六 24	四七 28	四八 32	四九 36
五	五一 05	五二 10	五三 15	五四 20	五五 25	五六 30	五七 35	五八 40	五九 45
六	六一 06	六二 12	六三 18	六四 24	六五 30	六六 36	六七 42	六八 48	六九 54
七	七一 07	七二 14	七三 21	七四 28	七五 35	七六 42	七七 49	七八 56	七九 63
八	八一 08	八二 16	八三 24	八四 32	八五 40	八六 48	八七 56	八八 64	八九 72
九	九一 09	九二 18	九三 27	九四 36	九五 45	九六 54	九七 63	九八 72	九九 81

注：表中折线以上的四十五句是"小九九"口诀。

第二节　积的定位法

定位法就是确定乘积或商数位数的方法。

珠算运算记数方法与笔算不同，对"0"是用空档表示的，运算终了，盘上数字出现空档，不掌握定位法，就无法确定其数值。例如：250 × 4 和 0.002,5 × 0.4 在算盘上出现的计算结果都是 1，实际上前者的积数是 1,000，后者的积数是 0.001。由此可见，掌握积的定位方法是正确进行乘法运算的不可缺少的环节。

学习定位法必须掌握确定数的位数的方法。一个数的位数按下列规律确定：①正位数。凡是整数和带小数的数，小数点左边有几位数就是正几位（用符号"＋"表示）。例如：908 是 ＋3 位，90.8 是 ＋2 位，9.08 是 ＋1 位。②负位数。凡是纯小数，小数点与第一个有效数中间有"0"的，有几个零就是负几位（用符号"－"表示）。例如：0.090,8 是 －1 位，0.009,08 是 －2 位，0.000,908 是 －3 位。③零位数。凡是纯小数，小数点右边不带"0"的就是零位。例如：0.908 是零位。

列表如表 6 - 2 所示。

表 6 - 2　　　　　　　　　　　确定位数

位数	+3	+2	+1	0	-1	-2	-3
数	435	57	3	0.4	0.08	0.006	0.000,7
	927.81	28.54	9.15	0.235	0.023,7	0.005,7	0.000,93
	305.36	76.894	6.580,7	0.103,5	0.051,9	0.006,43	0.000,805

练习题

1. 指出下列各数的位数：

(1) 6,050.009,3 (　　　　)　　　　　(2) 0.073　　　　(　　　　)

(3) 502,301　　(　　　　)　　　　　(4) 0.009,3　　(　　　　)

(5) 0.047　　　(　　　　)　　　　　(6) 0.000,608,75 (　　　　)

(7) 42.08　　　(　　　　)　　　　　(8) 0.107,6　　(　　　　)

(9) 382.65　　(　　　　)　　　　　(10) 4.268　　(　　　　)

2. 用添 "0" 或加小数点和分节号的方法，根据指定的位数，确定下列各数的数值：

(1) 43,892（正三位）　　　　　(2) 85　　（零位）

(3) 724　　（正五位）　　　　　(4) 632　　（负一位）

(5) 4,763（负三位）　　　　　(6) 38,635（零位）

(7) 2,587（正二位）　　　　　(8) 985　　（负二位）

(9) 407　　（正一位）　　　　　(10) 502　（负四位）

珠算乘法定位方法较多，下面介绍比较常用的三种。

一、公式定位法

公式定位法，又称通用定位法，是指按照乘数、被乘数的位数，用一定公式来确定积的位数的方法。

设 M 为被乘数的位数，N 为乘数的位数。

从下列两组算题中，可以得出积的定位规律。

第一组：$3 \times 4 = 12$　　$46 \times 8 = 368$

第二组：$4 \times 2 = 8$　　$34 \times 2 = 68$

第一组算题，积的位数是被乘数与乘数位数之和，可得公式（一）：积的位数 = M + N。

第二组算题，积的位数比被乘数与乘数位数之和少一位，可得公式（二）：积的位数 = M + N - 1。

哪种情况适用公式（一），哪种情况适用公式（二），要从乘积的首位数加以区别。第一组算题积的首位数小于被乘数、乘数两因数中任何一个因数的首位数时，适用公式（一）；第二组算题，积的首位数大于被乘数、乘数两因数中任何一个因数的首位数时，适用公式（二）。

如积的首位数与被乘数、乘数的首位数相同，则对比第二位，积数第二位小于被乘数、乘数两因数中任何一个因数的第二位数时，适用公式（一）；积数第二位大于被乘数、乘数两因数中任何一个因数的第二位数时，适用公式（二）。如第二位仍相同，再对比第三位，依此类推。如一直相同，则用公式（二）。

为了便于记忆，将上述公式概括为两句话：积首小，位相加；积首大（齐），加后减一。

公式定位法在算盘上的应用：

算前从算盘左边第一档开始置被乘数，若用空盘前乘法，则从第一档开始置乘积，算毕：若第一档不空档，则积的位数 = M + N；若第一档空档，则积的位数 = M + N − 1。也可概括为两句话：位数相加，前空减一。

下面举例说明公式的应用：

【例 1】 $436 \times 7 = 3,052$

乘积的首位数 3 小于被乘数首位数 4，适用公式（一）定位。

积的位数 = 3 + 1 = 4（位）

【例 2】 $240 \times 0.7 = 168$

乘积的首位数 1 小于被乘数首位数 2，适用公式（一）定位。

积的位数 = 3 + 0 = 3（位）

【例 3】 $0.057 \times 350 = 19.95$

乘积的首位数 1 小于乘数首位数 3，适用公式（一）定位。

积的位数 =（−1）+ 3 = 2（位）

【例 4】 $215 \times 42 = 9,030$

乘积的首位数 9 大于乘数首位数 4，适用公式（二）定位。

积的位数 = 3 + 2 − 1 = 4（位）

【例 5】 $11 \times 11 = 121$

乘积的首位数与被乘数、乘数首位数相同，都是 1，积的第二位数 2 大于被乘数的第二位数 1，适用公式（二）定位。

积的位数 = 2 + 2 − 1 = 3（位）

【例 6】 $999 \times 999 = 998,001$

乘积的首位数与被乘数、乘数首位数相同，都是 9，第二位数仍相同，还是 9，乘积的第三位数 8 小于乘数第三位数 9，适用公式（一）定位。

积的位数 = 3 + 3 = 6（位）

【例 7】 $10 \times 10 = 100$

不仅乘积的首位数与被乘数、乘数首位数相同，都是1，而且以后各位均相同，适用公式（二）定位。

积的位数 = 2 + 2 - 1 = 3（位）

这种利用公式来定位的方法，就叫"公式定位法"。这是一种通用的定位方法，不仅适用于珠算，而且对笔算等乘法计算也是适用的。

练习题

1. 用公式定位法确定下列各题乘积的位数。

(1) 367.45 × 0.007 = 257, 215　　(2) 786.43 × 0.6 = 471, 858

(3) 0.674, 0 × 0.000, 4 = 2, 696　　(4) 236, 085 × 3, 000 = 708, 255

(5) 0.000, 083, 65 × 800 = 6, 688　　(6) 584.4 × 46 = 268, 824

(7) 4, 806 × 0.613 = 2, 946, 078　　(8) 0.047, 3 × 6.79 = 321, 167

(9) 827.05 × 0.93 = 7, 691, 565　　(10) 70, 869 × 0.009, 4 = 6, 661, 686

2. 下列各数相乘的结果（有效数字）都是14，用公式定位法确定它们的积。

(1) 875 × 16 =　　　　　　　　(2) 8, 750 × 0.16 =

(3) 87.50 × 1, 600 =　　　　　　(4) 8.75 × 16 =

(5) 0.087, 5 × 160 =　　　　　　(6) 875 × 0.016 =

(7) 0.875 × 1.6 =　　　　　　　(8) 0.008, 75 × 16 =

(9) 8, 750 × 160 =　　　　　　　(10) 8.75 × 0.001, 6 =

二、固定个位定位法

固定个位定位法，又称算前定点定位法，是指在运算前，先选定盘上某一档（应结合计位点）作为运算后乘积的个位档，并以这一档为基点来确定被乘数的置数位置。由于乘积的个位档是固定的，所以叫固定个位定位法。

固定个位定位法确定被乘数置数位置的方法是：将被乘数的位数与乘数的位数相加，即（M + N）。如和为正一位，即将被乘数从已选定的个位档上依次拨入；如和为正二位，即将被乘数从十位档上依次拨入；如和为零位，即将被乘数从个位档的右一档依次拨入。其余类推。用图式表示如表 6 - 3 所示。

表6-3 　　　　　　　　　　左 ⋯⋯⋯⋯⋯⋯⋯ ▼ ⋯⋯⋯⋯⋯⋯⋯右

盘上数位			十万位	万位	千位	百位	十位	个位	十分位	百分位	千分位	万分位	
按被乘数与乘数位数之和,确定被乘数首位应置入的档位。			正六位档	正五位档	正四位档	正三位档	正二位档	正一位档	零位档	负一位档	负二位档	负三位档	

按这一方法将被乘数拨入算盘,经过运算,得出积数后,积的个位即在选定的个位档上。

固定个位定位法的最大优点在于:乘算后,乘积的位数可以立即从算盘上直接读出,且能用于连乘法的定位。固定个位定位法是珠算乘算中较简捷的定位方法。

【例8】$324 \times 89 = 28,836$

被乘数为正三位,乘数为正二位,$M + N = 5$ 位,被乘数应从正五位档(万位档)开始依次拨入。见表6-4。

表6-4 　　　　　　　　　　　　　　　　置数档位:$2 + 3 = 5$(位)

说　明	盘　　式									
				▼						
	·		·	·		·		·		
按正五位拨入被乘数			三	二	四					
运算后的乘积			2	8	8	3	6			

注:▼为乘积的个位档(下同)。

【例9】$8.64 \times 62.5 = 540$

被乘数为正一位,乘数为正二位,$M + N = 3$ 位,被乘数应从正三位档(百位档)开始依次拨入。见表6-5。

表6-5 　　　　　　　　　　　　　　　　置数档位:$1 + 2 = 3$(位)

说　明	盘　　式									
				▼						
	·		·	·		·		·		
按正三位拨入被乘数			八	六	四					
运算后的乘积			5	4	0					

【例 10】 $6.74 \times 0.003, 8 = 0.025, 612$

被乘数为正一位，乘数为负二位，$M + N = -1$ 位，被乘数应从负一位档（百分位档）开始依次拨入。见表 6-6。

表 6-6　　　　　　　　　　　置数档位：$1 + (-2) = -1$（位）

说　　　明	盘　　式									
			▼			·				·
	·		·			·				·
按负一位拨入被乘数						六	七	四		
运算后的乘积			0	0	2	5	6	1	2	

三、连乘定位法

求两个或两个以上乘数相乘之积的运算，叫作连乘。

连乘定位法可以采取 "位数相加，前空减几" 的办法来确定积的位数。从算盘左边第一档起拨被乘数，按乘数顺序连乘完后，如算盘左一档有数时，积的位数就等于各因数的位数之和；如算盘左边有空档时，则积的位数应等于各因数的位数之和，再减空档的档数，前空几档，就减几，所以叫作 "位数相加，前空减几"。

【例 11】 $956 \times 32 \times 0.005 = 152.96$

从算盘左一档起拨被乘数 956。乘完后，算盘左一档有数。位数直接相加。即：$3 + 2 + (-2) = 3$（位），得连乘积 152.96。见表 6-7。

表 6-7

说　　　明	盘　　式									
	·		·		·		·		·	
从左一档拨入被乘数	九	五	六							
经连续运算后的乘积	1	5	2	9	6					

【例 12】 $25 \times 1,800 \times 0.000, 26 = 11.70$

从算盘左一档起拨被乘数 25。乘完后，算盘左一档空档，前空减一。即 $2 + 4 + (-3) - 1 = 2$（位），得连乘积 11.70。见表 6-8。

表6-8

说　　明	盘　　式								
	·		·		·		·		·
从左一档拨入被乘数	二	五							
经连续运算后的乘积		1	1	7					

↑———前空一档

【例13】 123 × 30 × 0.2 × 0.08 = 59.04

从算盘左一档起拨被乘数123。乘完后，算盘左一、二档空档，前空减2。即：3 + 2 + 0 + （-1）-2 = 2（位），得连乘积59.04。见表6-9。

表6-9

说　　明	盘　　式								
	·		·		·		·		·
从左一档拨入被乘数	一	二	三						
经连续运算后的乘积			5	9	0	4			

↑———前空二档

第三节　破头乘法

破头乘是先用被乘数末位数字和乘数的首位数字相乘，由于被乘数本位（正在运算的这一位）一开始就改拨为乘积的十位数而被破掉，所以叫作"破头乘法"。

一、一位乘法

乘法中不管被乘数有几位，凡乘数只有一位非零数字的都叫作"一位乘法"。

相乘的两个因数中，只要有一个因数是一位非零数字时，可以运用乘法交换律，把这个一位数作为乘数，按一位乘法进行运算。

一位乘法运算方法及步骤如下：

1. 置数：按固定个位定位法计算出被乘数首位应置入的档位，按位拨入被乘数，乘数可看资料或默记。

2. 运算顺序：用乘数去乘被乘数时，从被乘数的末位乘起，依次向左乘到被乘数的首位为止。用图式表示如下：

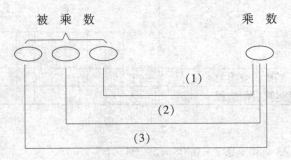

图 6 - 1　运算顺序

3. 加积的档次：每乘一位，按乘法口诀改变算珠，将被乘数本档的数字改为乘积的十位数，个位数加在右一档上。如乘积的十位数为零时，则拨去被乘数本档的算珠，以空档表示零，个位数仍加在右一档上。

4. 乘积：被乘数全部乘算后，算盘上的数便是乘积。

【例1】 $324 \times 6 = 1,944$

表 6 - 10　　　　　　　　　　　　　　　　置数档位：3 + 1 = 4（位）

运算顺序	盘　式						运算结果					
	加积档次						运算结果					
			▼						▼			
	·		·		·		·		·		·	
按正四位拨入被乘数	三	二	四				三	二	四			
$324 \times 6 \begin{cases} 4 \times 6 \\ 2 \times 6 \\ 3 \times 6 \end{cases}$			2	4			三	二	2	4		
			1	2			三	1	4	4		
	1	8					1	9	4	4		

【例2】 $0.000,9 \times 41.3 = 0.037,17$

表 6 - 11　　　　　　　　　　　　　　　置数档位：（- 3）+ 2 = - 1（位）

运算顺序（变乘数为被乘数）	盘　式						运算结果					
	加积档次						运算结果					
	▼						▼					
	·		·		·		·		·		·	
按负一位拨入被乘数		四	一	三				四	一	三		
$413 \times 9 \begin{cases} 3 \times 9 \\ 1 \times 9 \\ 4 \times 9 \end{cases}$				2	7			四	一	2	7	
				0	9			四	1	1	7	
			3	6				3	7	1	7	

【例3】237.50×40＝9,500

表6-12　　　　　　　　　　　　　　　　　　　置数档位：3＋2＝5（位）

运算顺序	盘　式										
	加积档次					运算结果					
				▼						▼	
	·	·	·		·	·	·		·		·
按正五位拨入被乘数	二	三	七	五		二	三	七	五		
2,375×4 { 5×4				2	0	二	三	七	2	0	
7×4			2	8		二	三	3	0	0	
3×4		1	2			二	1	5	0	0	
2×4	0	8					9	5	0	0	

练习题

1. 计算下列各题的乘积（准确到0.01）。

（1）3.76×80＝　　　　　　　　（2）9,562.5×0.005＝

（3）3,750×2＝　　　　　　　　（4）6×47.02＝

（5）0.035,6×400＝　　　　　　（6）0.009×28,793＝

（7）56.09×0.07＝　　　　　　　（8）3×87.24＝

（9）91,825×0.000,8＝　　　　　（10）40×18.62＝

2. 用2、3、4、5、6、7、8、9分别乘123，456，789。

二、多位乘法

被乘数和乘数都是二位或二位以上的乘法叫作"多位乘法"。

多位乘法运算方法及步骤如下：

1. 置数：按固定个位定位法计算出被乘数首位数应置入的档位，按位拨入被乘数，乘数可看资料或默记。

2. 运算顺序：先用被乘数的末位数字同乘数从首位起自左向右逐位相乘，乘完后，再以同样方法，用被乘数的末二位数、末三位数……同乘数的各位数依次相乘，直到被乘数的首位数同乘数的各位数都乘完为止。用图式表示如图6-2所示。

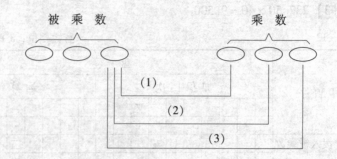

图 6-2 运算顺序

3. 加积的档次：被乘数的某位数字与乘数的首位数相乘时，首先要把被乘数本位改作积的十位数（积的十位数为 0 时，把被乘数本位改作 0），把积的个位加在右一档上，其余各位乘积递位迭加，即乘数是第几位数，同被乘数相乘，其积的个位数就加在该被乘数右几档上。在运算过程中要根据"上次积的个位档即是本次积的十位档"的规律，做到指不离开个位档。初学时，可用左手食指点住个位档，借以帮助区分下次该乘哪位不致乱位错档，遇到乘数中间有"0"时，虽然不需要计算，但要向右移动相应的档次。熟练地掌握加积的档次，就能准确无误地提高计算水平。

4. 乘积：乘数与被乘数各位相乘以后，算盘上的数便是乘积。

【例 4】 569 × 375 = 213,375

表 6-13　　　　　　　　　　　　　　　　　　　　　置数档位：3 + 3 = 6（位）

运算顺序	盘 式												
	加积档次 ▼						运算结果					
	·	·	·		·		·			·		
按正六位拨入被乘数		五	六	九			五	六	九			
9 × 375 { 9×3				2	7		五	六	2	7		
9×7					6	3	五	六	3	3	3	
9×5						4	5	五	六	3	3	7	5
6 × 375 { 6×3			1	8			五	2	1	3	7	5
6×7				4	2		五	2	5	5	7	5
6×5					3	0	五	2	5	8	7	5
5 × 375 { 5×3		1	5				1	7	5	8	7	5
5×7			3	5			2	1	0	8	7	5
5×5				2	5		2	1	3	3	7	5

【例 5】 0.706 × 248 = 175.09　　　（准确到 0.01）

表 6-14　　　　　　　　　　　　　　　　　　　置数档位：0＋3＝3（位）

运算顺序	加积档次						运算结果					
			▼						▼			
	•		•		•			•		•		•
按正三位拨入被乘数	七	○	六				七	○	六			
6×248 ⎰6×2			1	2			七	○	1	2		
⎱6×4				2	4		七	○	1	4	4	
6×8					4	8	七	○	1	4	8	8
0×248（省乘）												
7×248 ⎰7×2	1	4					1	4	1	4	8	8
⎱7×4		2	8				1	6	9	4	8	8
7×8			5	6			1	7	5	0	8	8
尾数五入							1	7	5	0	9	

【例6】 618.03×0.704＝435.093,1　　　（准确到0.000,1）

表 6-15　　　　　　　　　　　　　　　　　　　置数档位：3＋0＝3（位）

运算顺序	加积档次								运算结果							
			▼								▼					
	•		•		•		•		•		•		•		•	
按正三位拨入被乘数	六	一	八	○	三				六	一	八	○	三			
3×704 ⎰3×7					2	1			六	一	八	○	2	1		
⎨3×0（省乘）																
⎩3×4							1	2	六	一	八	○	2	1	1	2
0×704（省乘）																
8×704 ⎰8×7			5	6					六	一	5	6	2	1	1	2
⎨8×0（省乘）																
⎩8×4					3	2			六	一	5	6	5	3	1	2
1×704 ⎰1×7		0	7						六	1	2	6	5	3	1	2
⎨1×0（省乘）																
⎩1×4				0	4				六	1	2	6	9	3	1	2
6×704 ⎰6×7	4	2							4	3	2	6	9	3	1	2
⎨6×0（省乘）																
⎩6×4			2	4					4	3	5	0	9	3	1	2
尾数四舍									4	3	5	0	9	3	1	

89

计算下列各题的乘积（准确到 0.01）。

(1) 653.97×0.040,6 =   (2) 265.14×8,300 =

(3) 9.73×74.36 =   (4) 48,632×0.947 =

(5) 4,567×3.74 =   (6) 64.85×921 =

(7) 5,639×84.03 =   (8) 81.72×437.53 =

(9) 90.47×208 =   (10) 392×40.81 =

第四节　空盘前乘法

空盘前乘法是在运算时，不将被乘数和乘数置盘，而是直接将乘积拨珠入盘，且从首位算起，所以叫"空盘前乘法"。

一、空盘前乘法的特点

空盘前乘法不用拨放被乘数和乘数，这样就能节省置数时间，减少拨珠动作；运算时，从头位依次错位相加乘积，应不会发生被乘数、乘数和积数相互混淆的情况。由于这种算法简便易学，运算既准又快，所以是目前广泛应用的算法。

二、空盘前乘法运算方法及步骤

1. 运算顺序：先以乘数首位数与被乘数的首位数、第二位数、第三位数……依次相乘到末位；再以同样的顺序运算乘数的第二位数、第三位数直至末位数为止。用图式表示如下：

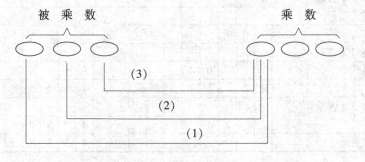

图 6-3　运算顺序

2. 加积的档次：乘数首位与被乘数各位相乘时，乘积的十位数从算盘左端第一档拨起，乘数的第二位与被乘数各位相乘时，加积的档次，则相应右移一档，其余类推；被乘数是第几位乘积的十位数就拨在第几档上，个位则右移一档。在运算中，要根据"上次乘积的个位档是本次积的十位档"的规律，顺序加积，做到指不离档。凡乘数或被乘数中间有零时，虽不需乘算，但要向右移动相应的档次，有几个"0"就右移几位。移位的末档就是下次乘积的十位档。

3. 乘加结合：遇到乘数中有几位数字相同时，可以改变运算顺序，运用随加法把相同乘数得的部分积照加上去，以简化运算过程，提高运算速度。

4. 定位：一般用公式定位法，可结合算盘左端首位是否空档选择使用公式，概括为两句话：位相加〔即公式（一）：M＋N〕、前空减一〔即公式（二）：M＋N－1〕。不必再比较乘积首位数与乘数、被乘数首位数的大小。

5. 乘积：全部运算完毕，经定位后，即可确定乘积的数值。

三、空盘前乘法应注意的几个问题

1. 乘法运算要以口诀为基础，所以，乘法口诀的熟练与否是乘法运算准确、快速的关键之一。为了适应各种乘法的需要，应熟记到只默记数字而不诵九九，又能很快地拨出积数。例如：当 376×8 时，默记乘数 8，眼睛看 3，手指能立即拨出 24（不读"八三 24"而只是脑记 8，心中默念"三 24"），眼看 7，即拨 56（默念"七 56"），眼看 6，即拨 48（默念"六 48"），口诀切勿读出声来，做到"只听算盘响、不闻读数声"。这样既能集中精力提高运算速度，又不妨碍别人工作。

2. 加积时，要注意拨准档位，并注意"指不离档"。乘算加积采用递位迭加的方法，首先要认准首位积的档次，然后将手指悬浮在本次个位积的档位上（或个位积为 0，就停在加 0 的档上）。在拨下一积数前指不离档。下一次的十位积就加在手指悬浮的档上，若是个位积，就退一档相加。依此类推，逐次递位迭加，就能既准又快。

3. 乘数或被乘数中间有 0 时，要注意防止串位，一般乘数（或被乘数）中间有几个 0，手指应自然向右移几位（手指点在前次积的个位档上）。

四、乘数与被乘数的选择

为了便于运算，可选择相乘两因数中位数较少、中间夹"0、1、2、5、9"或有几位数字相同的因数作为乘数。运算时，眼看着计算资料中所要计算的被乘数各位，默记正在乘的那一位乘数。但要注意看数和拨珠动作的配合，防止串位错档。

【例 1】 $834 \times 375 = 312,750$

表 6－16

运算顺序	盘　式										
	加积档次					运算结果					
	·		·		·	·		·		·	
$834 \times 3 \begin{cases} 8 \times 3 \\ 3 \times 3 \\ 4 \times 3 \end{cases}$	2	4				2	4				
		0	9			2	4	9			
			1	2		2	5	0	2		
$834 \times 7 \begin{cases} 8 \times 7 \\ 3 \times 7 \\ 4 \times 7 \end{cases}$	5	6				3	0	6	2		
		2	1			3	0	8	3		
			2	8		3	0	8	5	8	
$834 \times 5 \begin{cases} 8 \times 5 \\ 3 \times 5 \\ 4 \times 5 \end{cases}$		4	0			3	1	2	5	8	
			1	5		3	1	2	7	3	
				2	0	3	1	2	7	5	0

定位：位相加，用公式（一）：3＋3＝6（位）

【例 2】325.4 × 240 = 78,096

表 6－17

运算顺序	盘　式									
	加积档次					运算结果				
	·		·		·	·		·		·
$3,254 \times 2 \begin{cases} 3 \times 2 \\ 2 \times 2 \\ 5 \times 2 \\ 4 \times 2 \end{cases}$	0	6				6				
		0	4			6	4			
			1	0		6	5			
				0	8	6	5	0	8	
$3,254 \times 4 \begin{cases} 3 \times 4 \\ 2 \times 4 \\ 5 \times 4 \\ 4 \times 4 \end{cases}$	1	2				7	7	0	8	
		0	8			7	7	8	8	
			2	0		7	8	0	8	
				1	6	7	8	0	9	6

定位：前空减一，用公式（二）：3＋3－1＝5（位）

【例 3】989 × 889 = 879,221

表 6 – 18

运算顺序	盘　　式														
	加积档次						运算结果								
	·		·		·		·		·		·				
$989 \times 8 \begin{cases} 9 \times 8 \\ 8 \times 8 \\ 9 \times 8 \end{cases}$	7	2					7	2							
		6	4				7	8	4						
			7	2			7	9	1	2					
334×7 从第二档起拨加 7,912		7	9	1	2		8	7	0	3	2				
989×9 从第三档起拨加 7,912			7	9	1	2	8	7	8	2	3				
从第四档起拨加 989				9	8	9	8	7	9	2	2	1			

定位：位相加，用公式（一）：3 + 3 = 6（位）

练习题

1. 趣味练习。

（1）"万众一心"用 781,250 乘以 128，得数为 100,000,000。

（2）"霸王一条鞭"用 694,444,444,375 乘以 1.6，得数为 1,111,111,111。

（3）"双蝴蝶"用 102,568,102,568 乘以 125，得数为 128,210,128,210。

（4）"清一色"用乘数是 9 的倍数（即 9，18，27，36，45，54，63，72，81），去乘被乘数 12,345,679，结果分别为 111,111,111 到 999,999,999 九个相同的数字。

（5）"狮子滚绣球"用乘数是 512 的倍数（即 512、1,024、1,536、2,048、2,560、3,072、3,584、4,096、4,608），去乘被乘数 1,953,125，结果分别为 1,000,000,000 到 9,000,000,000。

2. 计算题。

（1）计算下列各题的乘积（准确到 0.01）。

① $538 \times 64 =$　　　② $674 \times 538 =$

③ $7,124 \times 1.68 =$　　　④ $653.97 \times 0.46 =$

⑤ $39.45 \times 579 =$　　　⑥ $82.93 \times 2,968 =$

⑦ $56,394 \times 35.16 =$　　　⑧ $416.75 \times 390.28 =$

⑨ $894.73 \times 74.36 =$　　　⑩ $937.51 \times 81.72 =$

（2）计算下列各题的连乘积（准确到 0.01）。

① $608 \times 385 \times 169 =$

② $207 \times 780 \times 542 =$

③ $65.87 \times 453 \times 23 =$

④687. 5 ×5. 79 ×6. 4 =

⑤274. 5 ×75. 2 ×0. 057 =

⑥865. 6 ×75. 2 ×0. 057 =

⑦534. 8 ×0. 758 ×0. 003, 8 =

⑧812, 970 ×0. 052, 7 ×0. 465 =

⑨725 ×48 ×0. 005 ×25 =

⑩7, 500 ×14 ×0. 04 ×0. 025 ×0. 15 =

（3）计算下表的乘积（准确到 0. 01 ）。把乘积写到相应的空格里，算完一竖行后，将这一竖行的积加起来，看与合计数是否相等。

被乘数	乘数	乘　积	被乘数	乘数	乘　积
7, 386	2. 1		13. 14	6, 409	
9, 527	1. 4		26. 67	2, 034	
1, 054	4. 2		50. 72	3, 004	
507	40. 3		31. 22	2, 937	
312	90. 5		73. 05	1, 522	
634	21. 1		42. 10	3, 102	
合　　计		95, 320. 70	合　　计		624, 293. 36

第七章
简捷乘法

　　前面学习的基本乘法，是乘法最基本的方法。然而，在实际应用过程中，许多数字可以根据因数字间的关系及其相应的数理基础知识，运用一定的方法并可结合心算，使运算过程得以简化。这就是简捷乘法。一般来说，一种简捷乘法，只能对某类算题简化其运算过程，所以要多掌握一些简捷方法选择使用，这对于提高乘法运算的速度和计算技能是大有裨益的。本章着重介绍定身乘法、倍数乘法、补数乘法和省乘法四种简捷乘法。

第一节　定身乘法

　　定身乘法是利用乘数的首位数或尾数是"1"的条件，省去与"1"相乘的运算，直接以盘上原置的被乘数代替与"1"相乘的乘积。只要将被乘数与乘数中"1"以外的数相乘，将积数逐位加上相应的档上，就可以求得积数。定身乘法分为定身前乘法和定身尾乘法两种。定身前乘法适用于乘数尾数是"1"的算题；定身尾乘法适用于乘数首位是"1"的算题。

一、定身尾乘法的运算方法和步骤

　　1. 被乘数拨在算盘上不动，作为乘"1"的积，因任何数乘"1"均退后一档加，故上盘应从下一档起数。

　　2. 以被乘数首位数与乘数第二位，第三位……相乘，乘完为止；再以被乘数第二位，第三位……依次同乘数第二位，第三位……相乘。

　　3. 加积档位：乘数第二位与被乘数相乘，乘积十位数加在被乘数本档，乘积个位数加下一档，乘数第三位及以后各位依次向右递移一档送加。

　　【例1】$378 \times 16 = 6,048$

运算顺序	盘　　式																
	加 积 档 次								运 算 结 果							
	1	2	3	4	5	6	7	8	1	2	3	4	5	6	7	8
盘左第二档拨被乘数视同 378× 10 的乘积	三	七	八						3	7	8					
378×6　3×6 7×6 8×6		1	8						5	5	8					
			4	2					6	0	0					
				4	8				6	0	4	8				

运算完毕，盘上数为 6,048。用公式定位，即 3 位 + 2 位 = 5 位 − 1 位 = 4 位，其乘积为 6,048。

【例 2】 8,617 × 164 = 1,413,188

运算顺序	盘　　式																
	加 积 档 次								运 算 结 果							
	1	2	3	4	5	6	7	8	1	2	3	4	5	6	7	8
盘左第二档拨被乘数视同 8,617 ×100 的乘积	八	六	一	七					8	6	1	7				
8,617×6　8×6	4	8							1	3	4	1	7			
6×6		3	6						1	3	7	7	7			
1×6			0	6					1	3	7	8	3			
7×6				4	2				1	3	7	8	7	2		
8,617×4　8×4		3	2						1	4	1	0	7	2		
6×4			2	4					1	4	1	3	2	2		
1×4				0	4				1	4	1	3	2	6		
7×4					2	8			1	4	1	3	1	8	8	

运算完毕，盘上数为 1,413,188。用公式定位，即 4 位 + 3 位 = 7 位，其乘积为 1,413,188。

二、定身前乘法的运算方法与步骤

1. 将被乘数拨在盘上，作为乘 "1" 的积。乘数 "1" 在第几位，被乘数上盘时左边空几档。

2. 以被乘数首位同乘数首位，第二位……（不包括末位）分别相乘，乘完为止，然后再以被乘数第二位，第三位……按前次同一顺序同乘数相乘。（空盘前乘法）

3. 加积的档位，乘数是几位数，乘积的十位数就从被乘数前几档加上，无进位的要读成 "0"，"0" 要占位，乘数或被乘数中间有 "0" 的要空位。

【例3】$4,017 \times 7.01 = 28,159.17$

运 算 顺 序		盘 式			
		加 积 档 次		运 算 结 果	
		1 2 3 4 5 6 7 8		1 2 3 4 5 6 7 8	
拨被乘数入盘，乘数1是第三位，被乘数前留三档		四 〇 一 七		4 0 1 7	
$4,017 \times 7$	4×7	2 8		2 8 0 4 0 1 7	
	0×7（省乘）				
	1×7	0 7		2 8 1 1 0 1 7	
	7×7	4 9		2 8 1 5 9 1 7	

运算完毕，盘上数为 $2,815,917$。用公式定位，即 4 位 + 1 位 = 5 位，其乘积为 $28,159.17$。

练习题

（1）$31 \times 124 =$ 　　　　　　（2）$7,652 \times 310 =$

（3）$9,764 \times 106 =$ 　　　　　（4）$297 \times 103 =$

（5）$4,128 \times 185 =$ 　　　　　（6）$0.375 \times 41 =$

（7）$314 \times 781 =$ 　　　　　　（8）$8,214 \times 4,901 =$

（9）$927 \times 91 =$ 　　　　　　（10）$912 \times 901 =$

第二节　倍数乘法

在乘法运算中，无论被乘数是几位数字，从根本上讲，乘法就是一位数乘多位数部分积的递位迭加。

一位数乘多位数的心算是多位数乘、除心算以及多位数乘、除心算结合速算法的基础。要练得"一口清""一笔清"，关键是要练好一位数乘多位数这个基本功。

一位数乘多位数的心算法也称2—9倍心算法。

一位数乘多位数的乘法运算步骤如下：

1. 被乘数首位前补0。为什么要补0呢？因为初学时，不太熟练，容易搞错数位，补"0"表示首位的进位数所占的位置。

2. 从高位算起。即从最左补的那个0开始，按"本个 + 后进"逐位求出本位积。

我们可以把乘算的要领归纳如下：

乘前先补0，乘后好对位；

舍十只取个，本个加后进。

在2—9倍的心算倍数法中，2、3、4、5、9倍数的心算较简单、易掌握，而其他倍数的心算，在实际计算时就难以发挥出它的速算优点，故本节着重介绍2、3、4、5、9倍的速算规律。

下面分别介绍各数积的个位规律和进位规律。

一、2倍数的速算

2与0、1、2、3、4的积分别是0、2、4、6、8；与5、6、7、8、9的积十位数都是1，个位数分别是0、2、4、6、8。由此可以得出：

2的个位律：自身相加。

2的进位律：满5进1。

用实例说明运算时的思维活动。

【例1】 $372,869 \times 2 = 745,738$

$$
\begin{array}{r}
0,372,869 \\
\times \qquad 2 \\
\hline
0,745,738
\end{array}
$$

(1) 0×2本个0，后位3不满5进0，0＋0得0；

(2) 3×2本个6，后位7满5进1，6＋1得7；

(3) 7×2本个4，后位2不满5进0，4＋0得4；

(4) 2×2本个4，后位8满5进1，4＋1得5；

(5) 8×2本个6，后位6满5进1，6＋1得7；

(6) 6×2本个2，后位9满5进1，2＋1得3；

(7) 9×2本个8，无后位得8。

二、3倍数的速算

3与1、2、3、4、5、6、7、8、9相乘，其被乘数与它的"本个数"的对应关系为：

1 2 3 4 5 6 7 8 9……被乘数
| | | | | | | | |
3 6 9 2 5 8 1 4 7……本个数

分析这些对应关系，可以找出3倍数的速算规律：

3的个位律：按"九九"口诀记本个数；

3的进位律：超3进1，超6进2。

注：3为循环3，6为循环6。

例如：333不超3，故333×3不进位；334超3，故334×3进1。6,664不超6，超3，故6,664×3进1不进2；6,667超6，故6,667×3进2。

【例 2】 $334,566 \times 3 = 1,003,698$

$$
\begin{array}{r}
0,334,566 \\
\times \qquad 3 \\
\hline
1,003,698
\end{array}
$$

（1） 0×3 本个 0，后三位 334 超 3 进 1，$0 + 1$ 得 1；

（2） 3×3 本个 9，后两位 34 超 3 进 1，$9 + 1$ 得 0；

（3） 3×3 本个 9，后位 4 超 3 进 1，$9 + 1$ 得 0；

（4） 4×3 本个 2，后位 5 超 3 进 1，$2 + 1$ 得 3；

（5） 5×3 本个 5，后二位 66 超 3 进 1，$5 + 1$ 得 6；

（6） 6×3 本个 8，后位 6 超 3 进 1，$8 + 1$ 得 9；

（7） 6×3 本个 8，无后位得 8。

三、4 倍数的速算

4 与 1、2、3、4、5、6、7、8、9 相乘，其被乘数与它的"本个数"的对应关系为：

```
1   2   3   4   5   6   7   8   9……被乘数
|   |   |   |   |   |   |   |   |
4   8   2   6   0   4   8   2   6……本个数
```

分析这些对应关系，可以看到：

凡是偶数与 4 相乘，其"本个数"正好是这个偶数的补数；凡是奇数与 4 相乘，其"本个数"正好是这个奇数的凑数（两数之和为 5 或 15 称互为凑数）。

4 的个位律：偶补奇凑。

4 的进位律有三句口诀，即："满 25 进 1""满 5 进 2""满 75 进 3"。

在计算中，如果某一位数是 2，就必须再往后看一位，用两个数位上的数与 25 比较来判断满或不满。同样，如果某一位数是 7，也要往后再看一位，用两个数位上的数与 75 比较，满则进 3，不满则按"满 5 进 2"算。

【例 3】 $26,078 \times 4 = 104,312$

$$
\begin{array}{r}
026,078 \\
\times \qquad 4 \\
\hline
104,312
\end{array}
$$

（1） 0×4 本个 0，后位 26 满 25 进 1，$0 + 1$ 得 1；

（2） 2×4 本个 8，后位 6 满 5 进 2，$8 + 2$ 得 0；

（3） 6×4 本个 4，后位 0 不进，故得 4；

（4） 0×4 本个 0，后位 78 满 75 进 3，$0 + 3$ 得 3；

（5） 7×4 本个 8，后位 80 满 75 进 3，$8 + 3$ 得 1；

（6） 8×4 本个 2，故得 2。

99

四、5 倍数的速算

5 与 1、2、3、4、5、6、7、8、9 相乘，其被乘数与它的"本个数"的对应关系为：

```
1 2 3 4 5 6 7 8 9……被乘数
| | | | | | | | |
5 0 5 0 5 0 5 0 5……本个数
```

从以上对应关系可以看出，凡是 5 与偶数相乘，其"本个数"都是 0，凡是 5 与奇数相乘，其"本个数"都是 5，因此 5 的个位律概括为："偶 0 奇 5"。

5 的进位律：满 2 进 1、满 4 进 2、满 6 进 3、满 8 进 4。即：满偶进半，单随双进。

因为 5 = 10/2，所以一个数乘以 5 可将其扩大 10 倍后再折半。其计算方法为：偶折半，奇去 1 折半，1 接下位照此继续折半。

奇数的折半，还可以通过熟悉下列对应数的办法掌握。

```
1 3 5 7 9
| | | | |
5 6 7 8 9
```

即：1 对应 5，3 对应 6，5 对应 7，7 对应 8，9 对应 9。奇数的对应数为该奇数加 9 折半而得来。如 7 的对应数为：7 + 9 = 16。16 折半为 8，故其对应 8。

【例 4】745,139 × 5 = 3,725,695

$$
\begin{array}{r}
0,745,139 \\
\times \qquad 5 \\
\hline
3,725,695
\end{array}
$$

(1) 0 × 5 取 0，后位 7 折半取整进 3，0 + 3 得 3；

(2) 7 × 5 取 5，后位 4 折半取整进 2，5 + 2 得 7；

(3) 4 × 5 取 0，后位 5 折半取整进 2，0 + 2 得 2；

(4) 5 × 5 取 5，后位 1 折半取整进 0，5 + 0 得 5；

(5) 1 × 5 取 5，后位 3 折半取整进 1，5 + 1 得 6；

(6) 3 × 5 取 5，后位 9 折半取整进 4，5 + 4 得 9；

(7) 9 × 5 取 5，故得 5。

五、9 倍数的速算

9 与 1、2、3、4、5、6、7、8、9 相乘，其被乘数与它的"本个数"的对应关系为：

```
1  2  3  4  5  6  7  8  9……被乘数
|  |  |  |  |  |  |  |  |
9  8  7  6  5  4  3  2  1……本个数
```

从上述对应关系可以明显地看出，每个数与 9 相乘，其"本个数"正好是其本身的补数，所以把 9 的个位律概括为"9 全补"。

9 的进位律：超几进几。

所谓超几进几，就是大于几的意思。如 34×9，因后位 4 大于 3，即为超 3 进 3。在计算时，若后位 5 大于前位 4，为超 4 进 4；若前位数大于后位数，则进位数是前位数减 1。如 $32 \times 9 = 288$，即进位是 $3 - 1 = 2$，即 3 超 2 进 2。

【例 5】 $132,496 \times 9 = 1,192,464$

$$\begin{array}{r} 132,496 \\ \times \qquad 9 \\ \hline 1,192,464 \end{array}$$

（1）0×9 取 0，后位 13 超 1 进 1，$0 + 1$ 得 1；

（2）1×9 取 9，后位 32 不超进 2，$9 + 2$ 得 1；

（3）3×9 取 7，后位 24 超 2 进 2，$7 + 2$ 得 9；

（4）2×9 取 8，后位 49 超 4 进 4，$8 + 4$ 得 2；

（5）4×9 取 6，后位 96 不超进 8，$6 + 8$ 得 4；

（6）9×9 取 1，后位 6 不超进 5，$1 + 5$ 得 6；

（7）6×9 取 4，无后位，得 4。

运用 2—9 倍速算，一般用空盘运算法，这就必须认清加积的档位，即乘数是第几位数就从第几档起拨珠。

【例 6】 $6,546 \times 35 = 229,110$

运　算　顺　序	盘　　式															
	加　积　档　次								运　算　结　果							
	1	2	3	4	5	6	7	8	1	2	3	4	5	6	7	8
从第一档起拨 3 × 6,546 的	1	8							1	8						
积 19,638		1	5						1	9	5					
			1	2					1	9	6	2				
				1	8				1	9	6	3	8			
从第二档拨 5 × 6,546 的		1	8						2	2	6	3	8			
积 32,730			2	5					2	2	8	8	8			
				2	0				2	2	9	0	8			
					3	0			2	2	9	1	1	0		

运算完毕，盘上数为 229,110。用公式定位，即 4 位 + 2 位 = 6 位，其乘积为 229,110。

【例 7】 $312.8 \times 95.34 = 29,822.352$

运算顺序	盘 式															
	加 积 档 次								运 算 结 果							
	1	2	3	4	5	6	7	8	1	2	3	4	5	6	7	8
从第一档起拨 9×3,128 的积 28,152	2	7							2	7						
		0	9						2	7	9					
			1	8					2	8	0	8				
				7	2				2	8	1	5	2			
从第二档拨 5 倍的 3,128 的积 15,640		1	5						2	9	6	5	2			
		0	5						2	9	7	0	2			
			1	0					2	9	7	1	2			
				4	0				2	9	7	1	6			
从第三档拨 3×3,128 的积 9,384			1	5					2	9	8	0	6			
			0	5					2	9	8	0	9			
				0	6				2	9	8	0	9	6		
					2	4			2	9	8	0	9	8	4	
从第四档拨 4×3,128 的积 12,512				1	2				2	9	8	2	1	8	4	
				0	4				2	9	8	2	2	2	4	
					0	8			2	9	8	2	2	3	2	
						3	2		2	9	8	2	2	3	5	2

运算完毕，盘上数为 29,822,352。用公式定位，即 3 位 +2 位 =5 位，其乘积为 29,822.352。

练习题

(1) 12.59 × 3,790 =　　　　　　(2) 897 × 3,975 =

(3) 456 × 846 =　　　　　　(4) 149 × 64.36 =

(5) 0.223 × 98.7 =　　　　　　(6) 543 × 83 =

(7) 4.7 × 8.6 =　　　　　　(8) 798.9 × 6.68 =

(9) 7,009 × 0.032,1 =　　　　　　(10) 345 × 57 =

第三节　补数乘法

在被乘数上加减若干个乘数的补数，把被乘数改为积数的方法，叫补数乘法。

补数乘法是根据珠算便于加减，乘或除 10 的乘方数不用运算，即把被乘数改为积数可以减少运算手续和运算过程等特点总结出来的。

补数乘法分为减补凑乘和加补减补乘两种。

一、减补凑乘

当两因数中的一个是接近 10^n 的数，可先补成整百、整千，按 100 倍、1,000 倍乘，然后再减去补数与另一个因数的乘积，即可得出结果。

其运算方法与步骤如下：

（1）首先把补整后的乘数与被乘数各位数相乘，积按档位加在盘上。

（2）从乘积中减去补数与被乘数相乘之积。

（3）减积档位：乘数的补数是几位，就从盘上第几位上减去补数与被乘数相乘的积。

（4）定位。用公式定位法。

积的档次 = 被乘数位数 + 乘数位数 = M + N

【例1】$438 \times 7,998 = 3,503,124$

7,998 的补数是：$10,000 - 7,998 = 2,002$

运 算 顺 序	盘 式															
	加 积 档 次								运 算 结 果							
	1	2	3	4	5	6	7	8	1	2	3	4	5	6	7	8
从第一档起拨被乘数视同 438 × 10,000 的积	四	三	八						4	3	8					
减积 4×2	0	8							3	5	8	0	0			
$4 \times 2,002$ 4×0（省乘）4×0（省乘）																
4×2				0	8				3	5	7	9	2			
3×2		0	6						3	5	1	9	2			
$3 \times 2,002$ 3×0（省乘）3×0（省乘）																
3×2					0	6			3	5	1	9	1	4		
8×2			1	6					3	5	0	3	1	4		
$8 \times 2,002$ 8×0（省乘）8×0（省乘）																
8×2						1	6		3	5	0	3	1	2	4	

运算完毕，盘上数为 3,503,124。用公式定位，即 3 位 + 4 位 = 7 位，其乘积为 3,503,124。

【例2】$325 \times 9.89 = 3,414.25$

989 的补数是：$1,000 - 989 = 011$

运 算 顺 序	盘 式															
	加 积 档 次								运 算 结 果							
	1	2	3	4	5	6	7	8	1	2	3	4	5	6	7	8
从第一档起拨被乘数视同 325 × 1,000 的积	三	二	五						3	2	5					
减积 从第二档起减 1×325 的积 0,325	0	3	2	5					3	2	1	7	5			
从第三档起减 1×325 的积 0,325		0	3	2	5				3	2	1	4	2	5		

运算完毕，盘上数为 321,425。用公式定位，即 3 位 + 1 位 = 4 位，其乘积为 3,214.25。

注：减积时注意：乘数第几位对应的补数与被乘数之积的首位，就从积的最高位向右数第几档减去，其余各位积顺次递位相减。为了避免错位，乘数的补数位数要与乘数位数一一对应。如原乘数是989，其补数为011，十位在二位，个位在三位，但 $1×3$ 不满十，因此退一档在第三档上减。

按照齐数 10^n 的补数办法（也叫凑数）不仅首二、三位是9的二位数，可以变为首数是整数1的数，如998变为 $1,000-2$ 写成 $100\overline{2}$；其次，对于中间一些带有9、8数字的二位数可变为0，由于0与被乘数相乘，不必实乘。如 $563×498$，可以将498变为 $500-2$ 写成 $50\overline{2}$ 去乘。这样就减少了拨珠动作。现用盘式加以说明。

【例3】 $563×498=280,374$

498的凑数是： $500-498=002$

运算顺序	盘　　　式															
	加积档次								运算结果							
	1	2	3	4	5	6	7	8	1	2	3	4	5	6	7	8
从第一档拨被乘数 $563×500$ 的积	2	8	1	5					2	8	1	5				
减积：从第三档减 $5×2$			1	0					2	8	0	5				
$563×2$ 　 $6×2$				1	2				2	8	0	3	8			
$3×2$					0	6			2	8	0	3	7	4		

运算完毕，盘上数为280,374。用公式定位，即3位+3位=6位，其乘积为280,374。

二、加补减补乘

在多位乘法中，遇到被乘数和乘数都接近于100或1,000的数，可以把它们分别用补数都补成整数100或1,000，然后将两因数的补数相乘之积加在被乘数中，最后从乘积中减去多乘的乘数的补数，即为所求之积。这种方法可以减少拨珠次数，提高计算速度。

其运算方法与步骤如下：

（1）首先把被乘数从盘上第一档起拨上。

（2）将被乘数的补数与乘数的补数相乘之积，按档位加在盘上的被乘数中。

（3）从盘上的乘积中按档位减去乘数的补数。

（4）加补减补档位：乘数的补数在第几档与被乘数的补数相乘，积的个位就在被乘数的补数后的第几位上加。乘数的补数在第几位，就从被乘数的第几位上去减。

（5）定位：按公式定位法。

【例4】997×998 = 995,006

997 的补数是：1,000 – 997 = 003

998 的补数是：1,000 – 998 = 002

运算顺序	盘 式															
	加积档次								运算结果							
	1	2	3	4	5	6	7	8	1	2	3	4	5	6	7	8
从第一档拨被乘数视同 997×1,000 的积	9	9	7						9	9	7					
加：按加补规定，从第六档加上被乘数的补数 3 与乘数的补数 2 的乘积 6						6			9	9	7	0	0	6		
减：盘上第三档减乘数的补数 2			2						9	9	5	0	0	6		

运算完毕，盘上数为 995,006。用公式定位，即 3 位 + 3 位 = 6 位，其乘积为 995,006。

加补减补乘法运算的原理见例4的推导式计算。

【例5】997×998

= 997×（1,000 – 2）

= 997,000 –（997×2）

= 997,000 –（1,000 – 3）×2

= 997,000 – 2×1,000 + 2×3

= 997,000 – 2,000 + 6

= 995,006

【例6】985×0.95 = 935.75

985 的补数是：1,000 – 985 = 015

95 的补数是：100 – 95 = 05

运算顺序	盘 式															
	加积档次								运算结果							
	1	2	3	4	5	6	7	8	1	2	3	4	5	6	7	8
从第一档拨被乘数视同 985×100 的积	9	8	5						9	8	5					
加：按加补规定，从第四档加上被乘数的补数 15 与乘数的补数 5 的乘积 75				7	5				9	8	5	7	5			
减：盘上第二档减乘数的补数 5		5							9	3	5	7	5			

运算完毕，盘上数为 93,575。用公式定位，3 位 + 0 位 = 3 位，其乘积为 935.75。

练习题

(1) $492 \times 53 =$

(2) $7,648 \times 98 =$

(3) $278 \times 8 =$

(4) $4,876 \times 0.979 =$

(5) $37.89 \times 0.98 =$

(6) $9.97 \times 992 =$

(7) $699 \times 0.98 =$

(8) $176 \times 92 =$

(9) $895 \times 9.4 =$

(10) $9,890 \times 0.996 =$

第四节　省乘法

在日常工作中，经常会遇到多位小数的乘法，而乘积往往只要求精确到小数一、二位，有时甚至只要求整数。如果各位小数都计算出来，得出结果不要的小数位还要删去，这样就作了很多不必要的运算，浪费了精力和时间。

例如：$762.354,85 \times 34.675 = 26,434.65$（精确度为 0.01）

```
      7 6 2 .  3 5 4 8 5
               3 4 . 6 7 5
    ─────────────────────────
      3 8 1 1 │7 7 4 2 5
      5 3 3 6 4│8 3 9 5
    4 5 7 4 1 2│9 1 0
  3 0 4 9 4 1 9│4 0
2 2 8 7 0 6 4 5│5
    ─────────────────────────
2 6 4 3 4 6 5 4│4 2 3 7 5 = 2 6 4 3 4 . 6 5
```

从上例计算中可以看出，竖线右边的乘积是多余的，可以简化。

所谓省略乘法，就是根据近似计算的原理，在作小数乘法时，把计算截止在不影响精确度的档次，把没有作用的计算步骤省略去，不去计算，以达到提高计算效率，又不影响精确度的目的。

其运算方法与步骤如下：

1. 选择固定个位档定位法，选定个位档。如小数点后要求保留 K 位小数，至少要保留 K + 1 档作为计算积的档次。小数点后 K + 1 档又叫"截止档"。K+1 档后的积在计算时作四舍五入处理。如保留两位小数，小数点后至少要保留三档；如保留四位小数，小数点后至少要保留五档。如果在五珠算盘上，从右边框往左边数五档前定为保留四位小数的小数点，既可以把右边框作为保留四位小数的压尾档，又可以使计算保留两位小数时，应保留的三档后有明显标记（金属钉），因此，把从右边框向左边数五档前金属钉确定为小数点较好。

2. 确定乘积的入盘档次。积的入盘档次 = 被乘数位数 + 乘数位数 = M + N。

3. 应用空盘前乘法，从被乘数首位数开始与乘数的各位数相乘，其积一律加到截止档为止，按四舍五入处理。其余没有乘到的数字不必运算，然后按同样的方法依次把被乘数的其余各位数与乘数相乘。

4. 全部乘完后，截止档前一档的数字按四舍五入处理。

【例1】保留两位小数，计算 53.75×4.871 的积。

53.75 × 4.871 = 261.82

盘式（左8列为加积档次，右8列为运算结果）：

运算顺序	3	2	1	0	-1	▲	-3	-4	3	2	1	0	-1	▲	-3	-4
按公式确定从正3档拨入 4,871×5 的乘积	2	0							2							
		4	0						2	4						
			3	5					2	4	3	5				
				0	5				2	4	3	5	5			
从正二档拨入 4,871×3		1	2						2	5	5	5	5	0		
			2	4					2	5	7	9	5	0		
				2	1				2	5	8	1	6	0		
					0	3			2	5	8	1	6	3		
从正一档拨入 4,871×7			2	8					2	6	0	9	6	3		
				5	6				2	6	1	5	2	3		
					4	9			2	6	1	5	7	2		
							1	(07五入)	2	6	1	5	7	3		
从0档拨入 4,871×5				2	0				2	6	1	7	7	3		
					4	0			2	6	1	8	1	3		
						4	(35五入)		2	6	1	8	1	7		

注：▲为截止档（压尾档）。

盘上的数包括小数点为 261.817，截止档上的数四舍五入得积 261.82。

【例2】保留四位小数，计算 1.822,5×3.141,6 的积。

1.822,5 × 3.141,6 = 5.725,6

	盘 式															
运算顺序	加 积 档 次								运 算 结 果							
	3	2	1	0	-1	-2	-3	▲	3	2	1	0	-1	-2	-3	▲
从正二档拨入 1×31,416	0	3	1	4	1	6			0	3	1	4	1	6		
			2	4					0	5	5	4	1	6		
			0	8					0	5	6	2	1	6		
从正二档拨入 8×31,416				3	2				0	5	6	5	3	6		
					0	8			0	5	6	5	4	7		
						4	8		0	5	6	5	4	8	8	
从0档拨入　　　3×2				0	6				0	5	7	1	4	8	8	
1×2					0	2			0	5	7	1	6	8	8	
31,416×2　4×2						0	8		0	5	7	1	7	6	8	
1×2							0	2	0	5	7	1	7	7	0	
6×2舍去2								1	0	5	7	1	7	7	1	
从负一档拨入　　3×2					0	6			0	5	7	2	3	7	1	
1×2						0	2		0	5	7	2	3	9	1	
31,416×2　4×2							0	8	0	5	7	2	3	9	9	
1×2省乘																
6×2省乘																
从负二档拨入　　3×5						1	5		0	5	7	2	5	4	9	
1×5							0	5	0	5	7	2	5	5	4	
31,416×5　4×5								2	0	5	7	2	5	5	6	
1×5省乘																
6×5省乘																

注：▲为截止档。

盘上的数为 5.725,56，保留四位小数，截止档上的数 6 四舍五入，得积 5.725,6。

练习题 （精确到 0.01）

(1) $0.076,98 \times 24.987 =$　　　　(2) $32,764 \times 0.346,8 =$

(3) $25.71 \times 4.061,7 =$　　　　(4) $83.06 \times 4.209,3 =$

(5) $9.874,571 \times 0.043,74 =$　　　　(6) $6,312.45 \times 0.073 =$

(7) $7.891,3 \times 2.907,86 =$　　　　(8) $0.042,678,5 \times 14.852,9 =$

(9) $2.748,43 \times 3.162,47 =$　　　　(10) $3.178,654 \times 2.436,428 =$

第八章
珠算基本除法

　　已知两数之积和其中一个因数，求另一个因数的计算叫除法。珠算除法的运算方法较多，其中人们应用最广泛的有商除法、归除法。本章仅介绍商除法及改商除法。

第一节　商的定位法

　　珠算除法的定位方法较多，下面介绍比较常用的两种。

一、公式定位法

　　公式定位法，又称通用定位法，是指按照被除数和除数的位数，以及比较这两个数的首位数大小，用一定的公式来确定商的位数的方法。

　　设 M 为被除数的位数，N 为除数的位数。

　　从下列两组算题中，可以得出商的定位规律：

　　第一组：$189 \div 3 = 63$　　　$108 \div 12 = 9$

　　第二组：$369 \div 3 = 123$　　　$228 \div 12 = 19$

　　第一组算题：商的位数是被除数位数与除数位数之差，可得公式（一）：商的位数 = M － N。

　　第二组算题：商的位数是被除数位数与除数之差加一位，可得公式（二）：商的位数 = M － N + 1。

　　哪种情况适用公式（一），哪种情况适用公式（二）呢？

　　从第一组算题可以看出，被除数的首位数小于除数的首位数，得出公式（一）。从第二组算题可以看出，被除数的首位数大于除数的首位数，得出公式（二）。由此可见：

　　1. 当被除数的首位数小于除数的首位数时，选用公式（一）。

2. 当被除数的首位数大于除数的首位数时，选用公式（二）。

3. 若被除数的首位数等于除数的首位数时，则看两者的第二位，若第二位也相同，则比较第三位。以此类推。

4. 若除数与被除数的各位有效数字均相同的话，则选用公式（二）。

为便于记忆，将上述两个公式概括为两句话：被首小，位相减；被首大，位相减加 1。

公式定位法在算盘上的应用：

算前，从算盘左起第三档起开始置放被除数，计算完毕，若第一档空档，则商的位数为 M－N；若第一档不空档，则商的位数为 M－N＋1。以上可以概括为两句话：位数相减，前满加 1。

下面举例说明公式的应用。

【例 1】 $3,886 \div 67 = 58$

被除数的首位数 3，小于除数的首位数 6，适用公式（一）定位。

商的位数 ＝ 4－2 ＝ 2（位）

【例 2】 $52,635 \div 0.87 = 60,500$

被除数的首位数 5，小于除数的首位数 8，适用公式（一）定位。

商的位数 ＝ 5－0 ＝ 5（位）

【例 3】 $0.752,4 \div 2.09 = 0.36$

被除数的首位数 7，大于除数的首位数 2，适用公式（二）定位。

商的位数 ＝ 0－1＋1 ＝ 0（位）

【例 4】 $89.76 \div 0.064 = 1,402.5$

被除数的首位数 8，大于除数的首位数 6，适用公式（二）定位。

商的位数 ＝ 2－（－1）＋1 ＝ 4（位）

【例 5】 $3,196 \div 37,600 = 0.085$

被除数的首位数与除数的首位数相同，于是比较二者的第二位，被除数的第二位 1 小于除数的第二位 7，适用公式（一）定位。

商的位数 ＝ 4－5 ＝ －1（位）

【例 6】 $100.1 \div 100.1 = 1$

被除数与除数的各位数字均相同，适用公式（二）定位。

商的位数 ＝ 3－3＋1 ＝ 1（位）

练习题

用公式定位法确定下列各题商的位数：

(1) $161,582 \div 467 = 346$

(2) $45,150 \div 2,150 = 21$

(3) $66.19 \div 16.84 = 4$

(4) $1,914 \div 87 = 22$

（5）60,293÷751=8   （6）162.096÷16.84=9.626

（7）7,175.45÷0.006,64=1,080,640   （8）3,685÷0.049=75,204

（9）602.820÷0.985=612

二、固定个位定位法

固定个位定位法是计算前，先在算盘上确定一档（应结合计位点来进行）作为运算后商的个位档，并以这一点为基点来确定被除数的置数位置，由于商的个位档是固定的，因此叫固定个位定位法。

由于商除（隔位）和改商除（不隔位）的立商档位不同，被除数的置数位置也不一样，计算前应先按不同的公式计算出被除数的入盘档位，然后再利用相对应的计算方法求出商数。计算完毕后，商的个位就落在事先定好的个位档上。

（一）商除法的定位

商除法用固定个位进行运算时，被除数首位数的入盘档位的计算公式是：被除数的位数－除数的位数－1，即 M－N－1（M 为被除数的位数，N 为除数的位数）。因此，公式计算出的被除数的置数档位，是以事先定好的商的个位档为准，向左或向右移动。

【例7】30,037÷49=613

表 8－1　　　　　　　　　　　　　　　　　　置数档位 5－2－1=2（位）

说　　　明	盘　　　式									
				▼						
			·		·		·		·	
按正二位拨入被除数			三	〇	〇	三	七			
运算后的商数			6	1	3					

注：▼为事先定好的商的个位档，以下同。

【例8】671.5÷79=8.5

表 8－2　　　　　　　　　　　　　　　　　　置数档位 3－2－1=0（位）

说　　　明	盘　　　式									
				▼						
			·		·		·		·	
按零位拨入被除数					六	七	一	五		
运算后的商数			8	5						

【例9】0.625÷2.5=0.25

表 8-3

说明	盘式										
					▼						
			·		·			·		·	
按负二位拨入被除数								六	二	五	
运算后的商数					2	5					

（二）改商除法的定位

改商除法用固定个位进行运算时，被除数首位数的置数档位是：被除数的位数－除数的位数，即 $M-N$（M 为被除数的位数，N 为除数的位数）。

【例10】$54,645 \div 89 = 614$

表 8-4

说明	盘式										
					▼						
			·		·			·		·	
按正三位拨入被除数			五	四	六	五	四				
运算后的商数			6	1	4						

【例11】$61.286,7 \div 591 = 0.103,7$

表 8-5

说明	盘式										
					▼						
			·		·			·		·	
按负一位拨入被除数						六	一	二	八	六	七
运算后的商数					1	0	3	7			

【例12】$146.25 \div 325 = 0.45$

表 8-6

说明	盘式										
					▼						
			·		·			·		·	
按零位拨入被除数					一	四	六	二	五		
运算后的商数						4	5				

练习题

用固定个位定位法计算出下列各题被除数首位数置数的档次：

序号	算　　题	被除数置数档位	
		商除法	改商除法
(1)	42. 88 ÷ 0. 067 =		
(2)	1,919 ÷ 0. 087 =		
(3)	6,555. 38 ÷ 66. 35 =		
(4)	47. 719 ÷ 0. 401 =		
(5)	0. 061,6 ÷ 0. 029,8 =		
(6)	0. 293,09 ÷ 0. 647 =		
(7)	80,783,700 ÷ 0. 009,532 =		
(8)	0. 098,502,6 ÷ 99. 8 =		
(9)	46,902. 79 ÷ 43. 8 =		
(10)	113,587 ÷ 1,582 =		

第二节　商除法

商除法是基本的求商法，用"大九九"口诀进行试商减积，其计算原理及方法与笔算基本一致，因此是珠算基本除法中较为简便的方法之一。

一、一位数除法

除数是一位非零数字的除法叫作一位数除法。其运算方法及步骤如下：

1. 置数：先按固定个位定位法，用 M − N − 1 计算出被除数入盘档位，然后按位拨入被除数，默记除数。

2. 运算顺序：从被除数首位开始，由高到低依次除到末位，或除到所要求的精确度为止。

3. 估商：用"大九九"口诀估商，若被除数首位数大于除数首位数，用被除数最高位数字与除数估商；若被除数首位数字小于除数，估商时用被除数前两位数字与除数估商。

4. 置商：置商即运算中置商数的档位。其置商档位的原则是："够除隔位立商，不够除挨位立商"。"够除"即：被除数首位数大于或等于除数，置商则在被除数首位隔档；"不够除"即：被除数首位数小于除数，置商则在被除数首位挨档。盘式表示如下：

↓	↓	↓					
隔位	挨位	首位					

5. 减积档次：在被除数中，减去商与除数的乘积叫减积。一位商除法的减积档次是："商与除数相乘之积的十位数，在商的右一档减，个位数在商的右二档减。"

【例1】1,785÷5=357

表8-7 　　　　　　　　　　　　　　　　　　　　置数档位：4-1-1=2（位）

运算顺序	盘 式									
	拨珠档次					运算结果				
			▼					▼		
	·		·		·	·		·		·
按正二位拨入被除数		一	七	八	五		1	7	8	5
不够除，挨位试商三	三					三	1	7	8	5
减积 3×5=15		1	5			三		2	8	5
不够除，挨位试商五		五				三	五	2	8	5
减积 5×5=25			2	5		三	五		3	5
不够除，挨位试商七			七			三	五	七	3	5
减积 7×5=35				3	5	三	五	七		

注：1. "拨珠档次"反映的是每次拨动的算珠。汉字数字表示拨入（加），阿拉伯数字表示拨去（减）。

2. "运算结果"反映的是每次拨珠后算盘上反映的数字。汉字数字表示商数，阿拉伯数字表示被除数或余数。

3. "▼"是用固定个位定位运算时商数的个位档。

4. 以下均同。

【例2】97.30÷3=32.43 　（精确到0.01）

表8-8　　　　　　　　　　　　　　　　　　　　　　置数档位：2-1-1=0（位）

运算顺序	盘式 拨珠档次				盘式 运算结果				
按零位拨入被除数		九	七	三	○	9	7	3	0
够除，隔位试商三	三				三	9	7	3	0
减积 3×3=09		0	9		三		7	3	0
够除，隔位试商二		二			三	二	7	3	0
减积 2×3=06			0	6	三	二	1	3	0
不够除，挨位试商四		四			三	二	四	1	0
减积 4×3=12			1	2	三	二	四	1	0
不够除，挨位试商三		三			三	二	四	三	1 0
减积 3×3=09			0	9	三	二	四	三	1
不够除，挨位试商三（舍去）		三			三	二	四	三	三

练习题

用商除法计算下列各题：（精确到0.01）

(1) 9,512÷4=　　　　　　　　　(2) 13,180.4÷20=

(3) 1,044,680÷7,000=　　　　　(4) 178,830÷900=

(5) 85,232÷0.08=　　　　　　　(6) 635,000÷5,000=

(7) 2,520.36÷0.6=　　　　　　 (8) 19,085÷30=

(9) 704÷800=　　　　　　　　　(10) 159÷0.003=

二、多位数除法

除数是两位或两位以上的非零数字的除法叫作多位数除法。其运算方法及步骤如下：

1. 置数：先按固定个位定位法计算出被除数入盘档位，然后默记除数。

2. 运算顺序：从被除数首位开始，由高到低依次除到末位或除到所要求的精确度为止。

3. 估商：用"九九"口诀估商。除数为多位数时，可以按照四舍五入的办法作一位数看待。即若除数的第二位数字大于或等于5时，用比除数首位数字大 1 的数字估商;当除数的第二位数字小于 5 时,用除数的最高位数字估商就可以了。如 45,150÷2,150 可以把除数看作是 2 去估商;1,914÷87 可以把除数看作是 9 去估商;3,107÷565 可以把除数看作 6 去估商等。

4. 置商:与一位数商除法的置商是一致的,即:够除隔位立商,不够除挨位立商。确定是否够除,用被除数首位数字与除数首位数字相比就行了。若被除数首位数字大于除数首位数字,视为够除;若被除数首位数字小于除数首位数字,视为不够除。(如果二者的首位数字相同,则要比较二者的第二位数字;如第二位也相同,则要继续比较第三位。以此类推)。特殊情况:当被除数与除数的各位数字均相同时,可视为够除。

5. 减积档次:多位数商除法的减积档次与一位数商除法的减积档次是一样的,即:商与除数最高位数相乘的十位积从商的右边第一档(挨商)减去,个位积从商的右边第二档减去;商与除数第二位数字相乘的十位积从商的右边第二档减去,个位积从右边第三档减去……可见,除数是第几位,它与商相乘的十位积就从商右边第几档减去。这种减积规律可以归纳为:"前一个除数减积的个位档是后一个除数减积的十位档"。这种减积规律,适用于各种用"九九"口诀计算的珠算除法。

减积档次如图 8-1 所示。

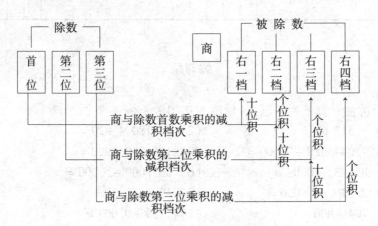

图 8-1　减积图示

【例 3】 287,232÷816=352

表8-9　　　　　　　　　　　　　　　置数档位：6-3-1=2（位）

运算顺序	拨珠档次	运算结果
按正二位拨入被除数	二八七二三二	2 8 7 2 3 2
不够除，挨位商，试商三	三	三 2 8 7 2 3 2
减积 3×816 {3×8 / 3×1 / 3×6}	2 4 / 0 3 / 1 8	三 4 2 4 3 2
不够除，挨位商，试商五	五	三五 4 2 4 3 2
减积 5×816 {5×8 / 5×1 / 5×6}	4 0 / 0 5 / 3 0	三五二 1 6 3 2
不够除，挨位商，试商二	二	三五二 1 6 3 2
减积 2×816 {2×8 / 2×1 / 2×6}	1 6 / 0 2 / 1 2	三五二

【例4】966.724÷380.6=2.54　（精确到0.01）

表8-10　　　　　　　　　　　　　　置数档位：3-3-1=-1（位）

运算顺序	拨珠档次	运算结果
按负一位拨入被除数	九六六七二四	9 6 6 7 2 4
够除，隔位商，试商二	二	二 9 6 6 7 2 4
减积 2×3,806 {2×3 / 2×8 / 2×0 / 2×6}	0 6 / 1 6 / / 1 2	二 2 0 5 5 2 4
不够除，挨位商，试商五	五	二五 2 0 5 5 2 4
减积 5×3,806 {5×3 / 5×8 / 5×0 / 5×6}	1 5 / 4 0 / / 3 0	二五 1 5 2 2 4
不够除，挨位商，试商四	四	二五四 1 5 2 2 4
减积 4×3,806 {4×3 / 4×8 / 4×0 / 4×6}	1 2 / 3 2 / / 2 4	二五四

练习题

用商除法计算下列各题：（精确到0.01）

（1）560.88÷1,230=　　　　　　（2）602,820÷0.985=

(3) $25,672 \div 282 =$ (4) $7,777,721 \div 63 =$

(5) $3,685.20 \div 0.049,87 =$ (6) $48,300 \div 17,250 =$

(7) $1,387.600 \div 98.76 =$ (8) $4,003,628 \div 276 =$

(9) $13,873,52 \div 436 =$ (10) $249,235 \div 325 =$

三、补商与退商

在多位数除法运算中，由于除数数位较多，估的商难免会过大或过小，此时就需要调商。即：商过大，要退商；商过小，要补商。

（一）补商

当乘减完商与除数的乘积后，余数仍大于或等于除数，说明初商偏小，应进行补商。补商的具体方法是：在原商数上加"1"，并在商数的隔一档减去除数。若补商后商仍偏小，可再进行一次上述运算，直至该档次的余数小于除数，因此得出补商的规则是：商数加1，隔位减除数。

【例5】$782 \div 34 = 23$

表 8-11   置数档位：$3-2-1=0$（位）

运算顺序	拨珠档次	运算结果
按零位拨入被除数	七 八 二	7 8 2
够除，隔位商，试商二	二	二 7 8 2
减积 2×34 $\{\begin{array}{l}2\times3\\2\times4\end{array}$	0 6 / 0 8	二 1 0 2
不够除，挨位商，试商二	二	二 二 1 0 2
减积 2×34 $\{\begin{array}{l}2\times3\\2\times4\end{array}$	0 6 / 0 8	二 二 3 4
余数34等于除数，补商一	一	二 三 3 4
隔位减除数34	3 4	二 三

【例6】$9,175.45 \div 6.64 = 1,381.84$ （精确到0.01）

表 8-12   置数档位：$4-1-1=2$（位）

运算顺序	拨珠档次	运算结果
按正二位拨入被除数	九 一 七 五 四 五	9 1 7 5 4 5
够除，隔位商，试商一	一	一 9 1 7 5 4 5
减积 1×664 $\{\begin{array}{l}1\times6\\1\times6\\1\times4\end{array}$	0 6 / 0 6 / 0 4	一 2 5 3 5 4 5
不够除，挨位商，试商三	三	

表 8 – 12（续）

运算顺序	拨珠档次						运算结果							
	·	▼		·		·	·	·	▼		·		·	·
减积 3×664 $\begin{cases}3\times6\\3\times6\\3\times4\end{cases}$		1 8												
			1 8											
				1 2			一 三		5 4	3 4	5			
不够，挨位商，试商七	七						一 三 七	5 4	3 4	5				
减积 7×664 $\begin{cases}7\times6\\7\times6\\7\times4\end{cases}$		4 2												
			4 2											
				2 8			一 三 七		7 8	6 5				
余数 786，大于除数 664，补商一	一						一 三 八		7 8	6 5				
隔位减除数 664		6 6 4					一 三 八		1 2	2 5				
不够除，挨位试商一		一					一 三 八 一	1 2	2 5					
减积 1×664 $\begin{cases}1\times6\\1\times6\\1\times4\end{cases}$		0 6												
			0 6											
				0 4			一 三 八 一		5 6	1				
不够除，挨位商，试商八		八					一 三 八 一 八	5 6	1					
减积 8×664 $\begin{cases}8\times6\\8\times6\\8\times4\end{cases}$		4 8												
			4 8											
				3 2			一 三 八 一 八		2 9 8					
不够除，挨位商，试商四		四					一 三 八 一 八 四	2 9 8						
减积 4×664 $\begin{cases}4\times6\\4\times6\\4\times4\end{cases}$			2 4											
				2 4										
					1 6		一 三 八 一 八 四		3 2 4					
余数 324 小于除数 664 的一半							一 三 八 一 八 四							
舍去不计（四舍）							一 三 八 一 八 四							

从此例可以看出，运算中若除不尽，计算到要求的数位后，应进行四舍五入。其具体做法是：余数大于或等于除数的一半时，应在末位商加"1"即五入，否则便四舍。

（二）退商

初商过大，被除数减初商与除数的乘积不够减，此时要退商。退商的方法有两种：

方法一：中途退商

商数减 1，并从商数右边隔一档再加上乘减过的除数，然后用退商后的商数与未乘减过的除数继续乘减。

有时会遇到退两次商，不论退几次，退一次，就要加上已与商减过的除数一次，然后继续用调整后的商去乘减未乘过的除数。可见，退商的规则是："商数减 1，隔位还乘减过的除数。"

【例 7】905.79÷43.8＝20.68　（精确到 0.01）

表 8-13　　　　　　　　　　　　　　　　　　置数档位：3-2-1=0（位）

运算顺序	拨珠档次	运算结果
按零位拨入被除数	九〇五七九	9 0 5 7 9
够除，隔位商，试商二	二	二 9 0 5 7 9
减积 2×438 { 2×4	0 8	
2×3	0 6	
2×8	1 6	二 2 9 7 9
不够除，挨位商，试商七	七	二〇七 2 9 7 9
减积 7×438 { 7×4	2 8	
7×3不够减	2 1	
7×8		
退商1，隔位加4	1 0 四	二〇六 5 7 9
减积 6×38 { 6×3	1 8	
6×8	4 8	二〇六 3 5 1
不够除，挨位商，试商八	八	二〇六八 3 5 1
减积 8×438 { 8×4	3 2	
8×3	2 4	
8×8	6 4	二〇六八 4
余数4小于除数的一半舍去		

方法二：借减法退商

在商除法的计算中，如遇试商偏大，不够减积时，可运用借减法进行退商。其具体做法是：本位不够减，可从左一档虚借"1"，用倒减继续运算。乘减完毕后，商退1，隔位加除数，将所虚借的"1"还上。可见，虚借1，实际上是从商数上借的。

【例8】192.87÷3.67=52.55　　（精确到0.01）

表 8-14　　　　　　　　　　　　　　　　　　置数档位：3-2-1=0（位）

运算顺序	拨珠档次	运算结果
按正一位拨入被除数	一九二八七	1 9 2 8 7
不够除，挨位商，试商五	五	五 1 9 2 8 7
减积 5×367 { 5×3	1 5	
5×6	3 0	
5×7	3 5	五 9 3 7
够除，隔位商，试商二	二	五二 9 3 7
减积 2×367 { 2×3	0 6	
2×6	1 2	
2×7	1 4	五二 2 0 3
不够除，挨位商，试商六	六	五二六 2 0 3

表 8 – 14（续）

运算顺序	拨珠档次	运算结果
减积 {6×3	1 8	五 二 六　　2 3
6×6 不够减借1	一	五 二 六 1 2 3
减 6×6	3 6	五 二 六 8 7
减积 6×7	4 2	五 二 六　8 2 8
退商1，隔位加367	1 ○ 三 六 七	五 二 五 1 1 9 5
还原借1	1	五 二 五　1 9 5
不够除，挨位商，试商五	五	五 二 五 五 1 9 5
减积 5×367 {5×3	1 5	
5×6	3 0	
5×7	3 5	五 二 五 五　1 1 5
余数小于除数的一半舍去		

四、介绍用口诀估商的方法

商除法估商的方法是用"九九"口诀，以心算估商。在计算中，为了提高速度，减轻心算的负担，人们在长期的实践中摸索出一套估商口诀。它是以除数和被除数的首位数进行估商。其口诀如下：

1. 二除商折半。

即：除数的首位数是 2 时，商一般是被除数的首位数字的一半。如：$1 \div 2 = 0.5$；$8 \div 2 = 4$；$6 \div 2 = 3$。

2. 三除一商3，三除二商6。

即：除数的首位数是 3，被除数的首位数是 1 时，商一般是 3，除数的首位数是 3，被除数的首位数是 2 时，商一般是 6。

3. 四除一商3，四除二商5，四除三商7。

即：除数的首位数是 4，被除数的首位数是 1 时，商一般是 3；除数的首位数是 4，被除数的首位数是 2 时，商一般是 5；除数的首位数是 4，被除数的首位数是 3 时，商一般是 7。

4. 五除商加倍。

即：除数的首位数是 5 时，商一般是被除数的首位数的 2 倍，如被除数的首位数为 3，则商为 6。

5. 六除商加2。

即：除数的首位数是 6 时，商一般是被除数的首位数字再加 2。如被除数的首位数是 2，则商为 4（2＋2）。

6. 七、八除商加1。

即：除数的首位数是 7 或 8 时，商一般是被除数的首位数字再加 1。如被

121

除数的首位数是2，则商为3（2＋1）。

7. 九除商相同。

即：除数的首位数是9时，被除数的首位数字是几，商一般就是几。如被除数的首位数字是2，则商一般也是2。

8. 头同下小挨商9、8。

即：除数的首位数与被除数的首位数是相同的，而二者的第二位数是：被除数小于除数，此时试商一般是9或8。

注：上述试商口诀，只是估商的一般情况。在实际应用中，应根据除数的首位数，按照试商口诀使用的范围，作相应的变动。

练习题

用商除法计算下列各题：

(1) 3,943.52÷0.56 =   (2) 77,031.84÷852 =

(3) 941,355÷513 =   (4) 7,280,816÷904 =

(5) 11,786,456÷302 =   (6) 1,028,388÷3,986 =

(7) 2,609.376,8÷80.8 =   (8) 260.873,7÷37.92 =

(9) 16,420.64÷5,318.2 =   (10) 874.28÷176.8 =

第三节　改商除法

改商除，也叫"不隔位商除"。也就是说，改商除与商除法在算理算法上是一致的，只是置商档位不同。下面介绍改商除法的运算步骤及方法。

一、一位数改商除法

1. 置数：用公式 M－N（M 表示被除数的位数，N 表示除数的位数）计算出被除数的置数档位，默记除数。

2. 运算顺序：从被除数的首位开始，依次除到末位或所要求的精确度的档位为止。

3. 估商：与商除法的估商是一样的，用"九九"口诀去估商。

4. 置商：置商的原则是：够除挨位立商，不够除本档改商。

5. 减积档次：改商除的减积要结合一定的心算。减积规律是："商与除数相乘的十位积从商的本档减，个位积在商的右一档减"。可见，改商除法的减积，其首位数的十位积乘减在算盘上，没有直接的拨珠动作，而是在脑子里模拟乘减的。因此，这种方法要结合心算。

【例1】 $16,944 \div 4 = 4,236$　　（精确到0.01）

表 8 – 15　　　　　　　　　　　　　　　　　置数档位：5 – 1 = 4（位）

运算顺序	盘　式									
	拨珠档次					运算结果				
		▼					▼			
	·		·		·	·		·		·
按正四位拨入被除数	一	六	九	四	四	1	6	9	4	4
不够除，本档改商，试商四（1改为四）	四					四	6	9	4	4
减积4×4=16（1直接从脑中减）	1	6				四		9	4	4
够除，挨位商，试商二		二				四	二	9	4	4
减积2×4=08	0	8				四	二	1	4	4
不够除，本档改商，试商三（1改为三）		三				四	二	三	4	4
减积3×4=12（1直接从脑中减）		1	2			四	二	三	2	4
不够除，本档改商，试商六（2改为六）			六			四	二	三	六	4
减积6×4=24（2直接从脑中减）			2	4		四	二	三	六	

注：1. 本盘式中的"▼"及汉字数字、阿拉伯数字的含义均与商除法中的相同。

　　2. 本方法中说的"本档"均是指被除数及其余数的首位数所在档。

　　3. 以下均同。

【例2】 $298 \div 8 = 37.25$　　（精确到0.01）

表 8 – 16　　　　　　　　　　　　　　　　　置数档位：3 – 1 = 2（位）

运算顺序	盘　式									
	拨珠档次					运算结果				
		▼					▼			
	·		·		·	·		·		·
按正二位拨入被除数	二	九	八			2	9	8		
不够除，本档改商，试商三（2改为三）	三					三	9	8		
减积3×8=24（2直接从脑中减）	2	4				三	5	8		
不够除，本档改商，试商七（5改为七）		七				三	七	8		
减积7×8=56（5直接从脑中减）		5	6			三	七	2		
不够除，本档改商，试商二（2为商二）			二			三	七	二		
减积2×8=16（1直接在脑中减）			1	6		三	七	二	4	
不够除，本档改商，试商五（4改为五）				五		三	七	二	五	
减积5×8=40（4直接从脑中减）				4	0	三	七	二	五	

练习题

用改商除法计算下列各题：（精确到 0.01）

(1) $76,918 \div 2 =$

(2) $1,207.44 \div 3 =$

(3) $29,128 \div 4 =$

(4) $905.865,5 \div 5 =$

(5) $179.82 \div 0.06 =$

(6) $86,415 \div 700 =$

(7) $91,512 \div 30 =$

(8) $89,892 \div 9,000 =$

(9) $98,735 \div 0.5 =$

(10) $20,597 \div 70 =$

二、多位数改商除的运算方法及步骤

1. 置数：先用公式 M－N 计算出被除数的入盘档位，默记除数。

2. 运算顺序：从被除数的首位开始，依次除到末位或除到所要求的精确度为止。

3. 估商：与多位数商除法一样，用"九九"口诀估商。

4. 置商：与一位改商除的立商档位是一样的，即"够除挨位立商，不够除本档改商。"

5. 减积档次：也遵循商除法的减积规律："前一个除数减积的个位档，是后一个除数减积的十位档。"乘减时，除数的首位数与商相乘，其积的十位数从商的本档减起（即在脑中减）：个位积在商的右一档减。减积图示如下：

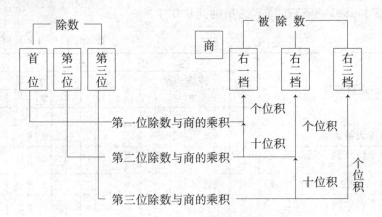

图 8-2　减积图示

【例 3】 $1,706,940 \div 348 = 4,905$

表 8－17　　　　　　　　　　　　　　　　　置数档位：7－3＝4（位）

运算顺序	盘式　拨珠档次	盘式　运算结果
按正四位拨入被除数	一七〇六九四〇	1 7 0 6 9 4 0
不够除，本档改商，试商四（1改为四）	四	四 7 0 6 9 4 0
减积 4×348 { 4×3＝12（1从脑中减）; 4×4＝16; 4×8＝32 }	1 2 / 1 6 / 3 2	四 3 1 4 9 4 0
不够除，本档改商，试商九（3改为九）	九	四九 1 4 9 4 0
减积 9×348 { 9×3＝27（2从脑中减）; 9×4＝36; 9×8＝72 }	2 7 / 3 6 / 7 2	四九 0 1 7 4 0
不够除，本档改商，试商五（1改为五）	五	四九〇五 7 4 0
减积 5×348 { 5×3＝15（1从脑中减）; 5×4＝20; 5×8＝40 }	1 5 / 2 0 / 4 0	四九〇五

【例 4】 $10.67 \div 5.2 = 2.05$　　　（精确到 0.01）

表 8－18　　　　　　　　　　　　　　　　　置数档位：2－1＝1（位）

运算顺序	盘式　拨珠档次	盘式　运算结果
按正一位拨入被除数	一〇六七	1 0 6 7
不够除，本档改商，试商二（1改为二）	二	二 6 7
减积 2×52 { 2×5＝10（1从脑中减）; 2×2＝04 }	1 0 / 0 4	二 2 7
不够除，本档改商，试商五（2改为五）	五	二〇五 7
减积 5×52 { 5×5＝25（2从脑中减）; 5×2＝10 }	2 5 / 1 0	二〇五 1
余数 1，小于除数 52 的一半舍去不计		二〇五

练习题

用改商除法计算下列各题：（精确到 0.01）

(1) $58,156 \div 67 =$　　　　　　(2) $82,287 \div 369 =$

(3) $315,315 \div 735 =$　　　　　(4) $81.48 \div 0.84 =$

(5) $7,812 \div 868 =$　　　　　　(6) $48,898 \div 208 =$

(7) $4,354.8 \div 0.017,84 =$　　　(8) $0.817,32 \div 840 =$

(9) $3,336 \div 193 =$　　　　　　(10) $27.500,8 \div 9.04 =$

三、补商与退商

在改商除法中，估商由于也是用"九九"口诀来进行的。因此，难免会出现所估的商过大或过小，那么，也就需要补商与退商。

改商除法的补商与退商和商除法的补商与退商的原理是一样的，只是在减、加除数的档位上有区别。

补商：商加1，挨位减除数。

退商：商减1，挨位加已乘减过的除数。

（一）补商

【例5】161,582÷467=346

表 8-19 　　　　　　　　　　　　　　　　　　　　置数档位：6-3=3（位）

运算顺序	盘　　式						运算结果					
	拨珠档次 ▼						运算结果 ▼					
	·	·	·				·	·	·			
按正三位拨入被除数	一	六	一	五	八	二	1	6	1	5	8	2
不够除，本档改商，试商三（1改为三）	三						三	6	1	5	8	2
减积 3×46 { 3×4=12（1从脑中减） 3×6=18 3×7=21		1 	2 1 8 2	 1			三	2	1	4	8	2
不够除，本档改商，试商三（2改为三）		三					三	三	1	4	8	2
减积 3×467 { 3×4=12（1从脑中减） 3×6=18 3×7=21		1 	2 1 8 2	 1			三	三	7	4	7	2
余数747大于除数467，需补商一		一					三	四	7	4	7	2
挨位减除数467			4	6	7		三	四	2	8	0	2
不够除，本档改商，试商五（2改为五）			五				三	四	五	8	0	2
减积 5×467 { 5×4=20（2从脑中减） 5×6 5×8			2 0 3 	 0 3	 5		三	四	五	4	6	7
余数467等于除数467，需补商一			一				三	四	六	4	6	7
挨位减除数467			4	6	7		三	四	六			
刚好除尽得商							三	四	六			

（二）退商

改商除的退商也有两种方法，即中途退商和用借减法退商。本节只介绍中途退商。借减法退商可依照商除法的借减法退商去推理。

【例6】2,609.37÷63.80=40.90　　　（精确到0.01）

表 8-20　　　　　　　　　　　　　　　　　　　　置数档位：4-2=2（位）

运算顺序	盘式 拨珠档次	盘式 运算结果
按正二位拨入被除数	二六○九三七	2 6 0 9 3 7
不够除，本档改商，试商四（2改为四）	四	四 6 0 9 3 7
减积 4×638 { 4×6=24（2从脑中减）; 4×3=12; 4×8=32 }	2 4 / 1 2 / 3 2	四 5 7 3 7
不够除，本档改商，试商九（5改为九）	九	四 ○ 九 7 3 7
减积 3×638 { 9×6=54（5从脑中减）; 9×3=27; 9×8=72 不够减 }	5 4 / 2 7 / 7 2	四 ○ 九 6 7
退商1，挨位加63	1 六 三	四 ○ 八 6 9 7
减积 8×8=64	6 4	四 ○ 八 6 3 3
不够除，本档改商，试商九（6改为九）	九	四 ○ 八 九 3 3
减积 9×638 { 9×6=54（5从脑中减）; 9×3=27; 9×8=72 }	5 4 / 2 7 / 7 2	四 ○ 八 九 5 8 8
余数588大于除数638的一半，五入		四 ○ 九 ○

练习题

用改商除法计算下列各题：（精确到 0.01）

(1) $45,471,210 \div 645 =$

(2) $792,684 \div 4,086 =$

(3) $4,971,474 \div 834 =$

(4) $433,020,395 \div 0.509 =$

(5) $5.755,076,0 \div 1.230,8 =$

(6) $5,576,700 \div 7,692 =$

(7) $271.253,04 \div 95.74 =$

(8) $2,290,953 \div 381 =$

(9) $5,375.257 \div 172 =$

(10) $24,021,242 \div 25,609 =$

第九章
简捷除法

珠算的简捷除法方法很多，本章着重介绍定身除法、倍数除法、补数除法、省除法四种。

第一节　定身除法

定身除法适用于除数的首位数是"1"，第二位数是"0"的算题。这类除数试商时，被除数的首数（或余数的首数）一般就是所求的商数。为了省略置商和商与除数前二位数"1""0"的乘积的运算程序，就把被除数的首数（或余数首数）作为初商，然后从被除数相应档次上直接减去商与除数的第三位数及其以后各位数的乘积，从而简化运算过程，提高计算速度。

其运算方法和步骤如下：

1. 置数：用固定个位定位法按下列公式置被除数。置数档次 = m − n + 1。

2. 运算顺序：用除数的第三位数及其以后各位数依次同各商数相乘。

3. 减积档次：用除数的首位数后第几位数和商数相乘，其积的个位数，就在商数的右面第几档减去。

【例1】57, 886 ÷ 103 = 562

运　算　步　骤	盘					式				
	拨珠档次					运算结果				
	3	2	1	0	−1	3	2	1	0	−1
由置数档次 = m − n + 1 = 3，从正三档起置 57, 886	5	7	8	8	6	5	7	8	8	6
把被除数的首数 5 看作商，减去 5 × 3 = 15	−	1	5			五	6	3	8	6
把余数的首数 6 看作商，减去 6 × 3 = 18		−	1	8		五	六	2	0	6
把余数的首数 2 看作商，减去 2 × 3 = 06			−	0	6	五	六	二		

【例2】$879,264 \div 1,032 = 852$

运算步骤	盘　式											
	拨珠档次						运算结果					
	3	2	1	0	-1	-2	3	2	1	0	-1	-2
由 $m-n+1=6-4+1=3$，从正三档置被除数 879,264	8	7	9	2	6	4	8	7	9	2	6	4
把被除数的首数 8 看作商数，依次减去 $\begin{cases}8\times3=24 \\ 8\times2=16\end{cases}$		−2	4				八	5	3	6	6	4
			−1	6								
把余数的首数 5 看作商，依次减去 $\begin{cases}5\times3=15 \\ 5\times2=10\end{cases}$			−1	5			八	五	2	0	6	4
				−1	0							
把余数的首数 2 看作商，依次减去 $\begin{cases}2\times3=06 \\ 2\times2=04\end{cases}$				−0	6		八	五	二			
					−0	4						

当除数的第三位数较大时，被除数的首数或余数的首位数作为商有时会偏大，减商除积时发生不够减。这时应少商1，默记商数档上余1，待下面减商除积时借用。

【例3】$42,074 \div 109 = 386$

运算步骤	盘　式										
	拨珠档次					运算结果					
	3	2	1	0	-1	3	2	1	0	-1	
由 $m-n+1=5-3+1=3$，从正三档起置 42,074	4	2	0	7	4	4	2	0	7	4	
把被除数的首数 4 改作 3，默记商数档上余"1"，减去 $3\times9=27$		−2	7			三	9	3	7	4	
把余数的首数 9 改作 8，默记商数档上余 1，减去 $8\times9=72$			−7	2		三	八	6	5	4	
把余数的首数 6 看作商，减去 $6\times9=54$				−5	4	三	八	六			

以上我们讲述了除数的首数是"1"，第二位数是"0"的定身除法。对于除数的首位数是"1"，第二位数不是"0"的有些算题，同样可以运用定身除法进行运算。

【例4】$2,769 \div 13 = 213$

运算步骤	盘　式									
	拨珠档次					运算结果				
	3	2	1	0	-1	3	2	1	0	-1
由 $m-n+1=4-2+1=3$，从正三档起置 2,769	2	7	6	9		2	7	6	9	

运算步骤	盘式									
	拨珠档次					运算结果				
	3	2	1	0	-1	3	2	1	0	-1
把被除数的首数2看作商，减去 $2 \times 3 = 06$			-0	6		二		1	6	9
把余数的首数1看作商，减去 $1 \times 3 = 03$				-0	3	二		一	3	9
把余数的首数3看作商，减去 $3 \times 3 = 09$					-0 9	二		一		三

【例5】 $32,074 \div 158 = 203$

运算步骤	盘式											
	拨珠档次						运算结果					
	3	2	1	0	-1	-2	3	2	1	0	-1	-2
由 $m-n+1=5-3+1=3$，从正三档置被除数 $32,074$	3	2	0	7	4		3	2	0	7	4	
把被除数的首数3改作商2，依次减去 $\begin{cases} 2 \times 5 = 10 \\ 2 \times 8 = 16 \end{cases}$	-1	0										
			-1	6			二		0	4	7	4
把余数的首数4改作商3，依次减去 $\begin{cases} 3 \times 5 = 15 \\ 3 \times 8 = 24 \end{cases}$			-1	5								
				-2	4		二		○		三	

练习题

(1) $24,823 \div 103 =$ 　　　(2) $28,248 \div 107 =$

(3) $14,280 \div 105 =$ 　　　(4) $37,736 \div 106 =$

(5) $2,288,250 \div 1,017 =$ 　　(6) $807,216 \div 1,072 =$

(7) $3,267.4 \div 1,054 =$ 　　(8) $10,394.33 \div 1,093 =$

(9) $480,284 \div 1,009 =$ 　　(10) $4,836 \div 13 =$

第二节　倍数除法

在前面简捷乘法中我们已详细介绍了一位数乘以多位数的心算倍数法，并且讲解了心算倍数法在多位数乘法中的应用。众所周知，除法是乘法的逆运算，即在被除数中要减去商与除数的乘积，而商与除数的乘积就是一位数乘以多位数的运算。这样，我们同样可以利用心算倍数法，一次速算出商数倍的除数，直接从被除数中减去，从而达到简化运算过程、提高运算速度的目的。故倍数除法是利用心算建立在乘法基础上的一种新算法。

在2—9倍的心算倍数法中，2、3、4、5倍数的心算较简单、易掌握，而其他倍数的心算就难以在实际计算中发挥出它速算的优点，故我们在实际计算中把减去6倍除数变为减去5倍除数再减去1倍除数，把减去7倍除数变为减去5倍除数再减去2倍除数，把减去8倍除数变为加上2倍除数再减去10倍除数，把减去9倍除数变为加上1倍除数再减去10倍除数。

这样，心算倍数法不论用哪种除法均可灵活运用。下面用商除法举例说明。

【例1】$379,392 \div 832 = 456$

运　算　步　骤	盘　　　式													
	拨珠档次							运算结果						
	3	2	1	0	−1	−2	−3	3	2	1	0	−1	−2	−3
从正二档置被除数379,392		3	7	9	3	9	2		3	7	9	3	9	2
挨位立商4，心算4×832=3,328，退档减去	四 −	3	3	2	8			四	0	4	6	5	9	2
挨位立商5，心算832的一半数（5倍）退档减去	五 −	4	1	6				四	五	0	4	9	9	2
挨位立商6，减去832的一半数（5）倍，再减去832		六 −	4	1	6			四	五	六				
		−	8	3	2									

【例2】$618,885 \div 7.65 = 80,900$

运　算　步　骤	盘　　　式												
	拨珠档次						运算结果						
	5	4	3	2	1	0	−1	5	4	3	2	1	0	−1
从正四档置被除数618,885		6	1	8	8	8	5		6	1	8	8	8	5
挨位立商8，加上2×765=1,530，再减去765	八 +1 −7	5 6	3 5	0				八	0	0	6	8	8	5
挨位立商9，隔档加765，再挨档减765		九 + −	7 7	6 6	5 5			八	〇	九	〇	〇		

练习题（精确到0.01）

（1）$55,062 \div 63 =$　　　　　　（2）$40,514 \div 47 =$

（3）$925,148 \div 259 =$　　　　　（4）$15,030,720 \div 4,080 =$

131

(5) $31,575,564 \div 3,684 =$　　(6) $58,976,369 \div 8,673 =$

(7) $416.501 \div 50.6 =$　　(8) $270.56 \div 8.76 =$

(9) $1,917.471 \div 537.8 =$　　(10) $871,789 \div 64.82 =$

第三节　补数除法

　　补数除法是通过加除数的补数而求得商数的方法。一般除法的意义是减除数，商几就减几倍的除数。运用除数的补数运算则相反，变减为加，而且补数一般数码较小，计算简单。由于补数除法加快了除法的运算速度，近年来它已广泛引起人们的重视。

一、逐档求商法

　　根据补数的概念可以得出：

除数 + 补数 = 齐数

a 除数 + a 补数 = a 齐数

　　由此可知，如果一个数是除数的几倍，在其上加几个补数就必得几个齐数。换句话说，在除法运算中，被除数含 a 倍除数（即应商 a），被除数上加 a 倍补数必得 a 倍齐数，若再缩小齐数倍，就得到商数 a。

　　因为齐数总是比除数多一位的 10 的乘方数（10、100……，且零的个数和除数的位数相同）。所以，缩小齐数倍可以事先用定位完成。由此规定：

　　定位法：除数是几位数，被除数的个位向左移几档（即缩小了齐数倍），就是商的个位，或用固定个位法把实数按置数档 = m − n 置入盘。

　　置入被除数后，被除数含几倍除数，在其上加几倍补数，就得几倍齐数。因用定位方法事先已缩小了齐数倍，就必定在加补数的档出现数字几，前档出现的数字与加补数的倍数一致（相同）就是商数字。用这种方法逐档求出商数的各位数字，即整个商数。因此得出：

　　加补数求商法则：被除数含几倍除数，就在其上加几倍补数（实小被首档起加实大被首前档起加，哪档起加哪档出商），当加补数档出现的数字与加补数的倍数一致时，该数字就是商数字。用这种方法逐档求出整个商数。

　　【例 1】 $130,548 \div 989 = 132$

运　算　步　骤	盘						式					
	拨珠档次						运　算　结　果					
	3	2	1	0	−1	−2	3	2	1	0	−1	−2
由公式 m − n = 6 − 3 = 3，从正三档置入被除数，默记补数 011	1	3	0	5	4	8	1	3	0	5	4	8

运算步骤	盘 式											
	拨珠档次						运算结果					
	3	2	1	0	-1	-2	3	2	1	0	-1	-2
估商 1，加 $1 \times 011 = 0,011$，本档出数 1 与所加倍数一致为商	0	0	1	1				三	一	六	四	八
估商 3，加 $3 \times 011 = 0,033$，本档出数 3，一致为商		0	0	3	3		一	三	一	九	七	八
估商 2，加 $2 \times 011 = 0,022$，本档出数 2，一致为确商			0	0	2	2	一	三	二			

【例 2】　$38,646 \div 678 = 57$

运算步骤	盘 式									
	拨珠档次					运算结果				
	2	1	0	-1	-2	2	1	0	-1	-2
由公式 $m-n=5-3=2$，从正二档置入被除数，默记除数的补数 322	3	8	6	4	6	3	8	6	4	6
估商 5，加 $5 \times 322 = 1,610$，一致为商	1	6	1	0		五	4	7	4	6
估商 7，加 $7 \times 322 = 2,254$，本档出数 7，一致为商		2	2	5	4	五	七			

从上题我们可以发现，38 本来含 6 倍 6，但商 6 若必定不够减 6×678，而加 6×322 在运算过程中是没有什么问题的，但加后本档出现的数字是 5 而不是 6，即出数与所加倍数不一致，不能得确商，需要调商。

如果估商不准，出现的数字就与加补数的倍数不一致，这就需要调商。若出现的数字大于本档加补数的倍数，就要在本档继续加补数使其一致叫调加；当出现数字比本档加补数的倍数小时，应从本档减补数使其一致叫调减。即不一致就调商：商大调加，商小调减。

以上题为例看一下商 6 后的调商方法。

运算步骤	盘 式									
	拨珠档次					运算结果				
	2	1	0	-1	-2	2	1	0	-1	-2
由公式 $m-n=5-3=2$，从正二档置入被除数，默记除数的补数 322	3	8	6	4	6	3	8	6	4	6
估商 6，加 $6 \times 322 = 1,932$	1	9	3	2		5	7	9	6	6
本档出数 5 比 6 小 1，不能为商，调减 $1 \times 322 = 0,322$，5 与 6-1 一致为商	-0	3	2	2		五	4	7	4	6
估商 7，加 $7 \times 322 = 2,254$，本档出数 7，一致为商		2	2	5	4	五	七			

【例3】 $16,882 \div 367 = 46$

运算步骤	盘式									
	拨珠档次					运算结果				
	2	1	0	-1	-2	2	1	0	-1	-2
由公式 $m-n=5-3=2$，从正二档置入被除数，默记补数633	1	6	8	8	2	1	6	8	8	2
估商5，加 $5 \times 633 = 3,165$		3	1	6	5	4	8	5	3	2
本档出数4比5小1，调减 $1 \times 633 = 0,633$，4与5−1一致为商		−0	6	3	3	四	2	2	0	2
估商7，加 $7 \times 633 = 4,431$			4	4	3	1	四	6	6	3	3
出数6比7小1，调减 $1 \times 633 = 0,633$		−	0	6	3	3	四	六		

二、分三级直接加补数求商法

我们把加补数1—9倍分为三级，分别用先加补数1倍、5倍或10倍再调整的办法直接加补数若干倍。即：商是低级数字1、2、3时，用连加补数法；商是中级数字4、5、6、7时，先加5倍补数再进行调减和调加；商是高级数字8、9时，先加10倍补数再调减。运算方法如下表：

被除数含除数倍数	本档应加补数倍数	加减补数步骤		前档出商数字	三级
1	一倍	加补数一次		1	低
2	二倍	加补数二次		2	
3	三倍	加补数三次		3	级
4	四倍	加补数一半	退档减补数一次	4	中
5	五倍	加补数一半		5	
6	六倍	加补数一半	退档加补数一次	6	级
7	七倍	加补数一半	退档加补数二次	7	
8	八倍	加补数一次	退档减补数二次	8	高
9	九倍	加补数一次	退档减补数一次	9	级

分三级加补数法估商方便。估商时，可以不估出准确的商数字，只要大致估出商属于哪级数字，从而确定先加5倍补数还是先加1倍或10倍补数。一般地讲，如果被除数接近5倍除数，就先加5倍补数（加补数一半）。如果被除数和除数接近，就在本档加补数。（被除数略大，前档出商；被除数略小，就本档取商，下档调减）

【例4】 23,043,272 ÷ 5,608 = 4,109

运 算 步 骤	盘　式																
	拨珠档次								运算结果								
	4	3	2	1	0	-1	-2	-3	4	3	2	1	0	-1	-2	-3	
由公式 m－n＝8－4＝4，从正四档起置被除数，默记补数 4,392	2	3	0	4	3	2	7	2	2	3	0	4	3	2	7	2	
23 比 5 接近中级数字，加 4,392 的一半 2,196（5 倍）	2	1	9	6					4	5	0	0	3	2	7	2	
本档出数 4 比 5 小 1，调减 1×4,392＝04,392，4 与 5－1 一致为商	-	0	4	3	9	2			四	0	6	1	1	2	7	2	
估商，加 1 × 4,392 ＝ 04,392，本档出数 1，一致为商		0	4	3	9	2			四	一	0	5	0	4	7	2	
估商 1，加 4,392 一次		0	4	3	9	2			四	一	0	9	4	3	9	2	
前档未出数 1，本档出数 9（比 10 小 1），调减 4,392 一次，本档出数 9 与 10－1 一致为商		-	0	4	3	9	2		四	一	0	九					

【例5】 5,547,000 ÷ 2,150 = 2,580

运 算 步 骤	盘　式									
	拨珠档次					运算结果				
	4	3	2	1	0	4	3	2	1	0
由公式 m－n＝7－4＝3，从正三档起置被除数，默记补数 785	5	5	4	7		5	5	4	7	
估商 2，加二次 785，本档出数 2，一致为商	0	7	8	5		二	1	2	4	7
	0	7	8	5						
12 比 2 接近中级数字，加 785 的一半（5 倍），本档出数 5，一致为商	3	9	2	5		二	五	1	7	2
17 比 2 接近高级数字，加 785 一次（10 倍）	0	7	8	5		二	五	9	5	7
出数 9 比 10 小 1，调减 785 一次	-	0	7	8	5	二	五	8	7	8	5
调减后，本档出数 8 与 10－1 不一致，继续调减 0,785 一次，8 与 10－1－1 一致为商	-	0	7	8	5	二	五	八	〇	

【例6】 1,742,056 ÷ 568 = 3,067

运算步骤	盘 式													
	拨珠档次							运算结果						
	4	3	2	1	0	-1	-2	4	3	2	1	0	-1	-2
由公式 m－n＝7－3＝4，从正四档起置被除数，默记补数432	1	7	4	2	0	5	6	1	7	4	2	0	5	6
17 比 5 接近低级数字，加 432 一次		0	4	3	2			2	1	7	4	0	5	6
本档出数 2 比 1 大 1，调加一次 432，2 与 1＋1 一致为商		0	4	3	2			二	6	0	6	0	5	6
余首 6 比 5 接近低级数字，加 432 一次，出数 1（2＋1＝3），一致为商		0	4	3	2			三	0	3	8	0	5	6
38 比 5 接近中级数字，加 432 的一半（5 倍），出数 5，一致为商			2	1	6			三	〇	五	9	6	5	6
9 比 5 接近低级数字，加 432 一次，出数 1（5＋1＝6），一致为商		0	4	3	2			三	〇	六	3	9	7	6
39 比 5 接近中级数字，加 432 的一半（5 倍）			2	1	6			三	〇	六	6	1	3	6
出数 6 比 5 大 1，调加 432 一次，6 与 5＋1 一致为商			0	4	3	2		三	〇	六	六	5	6	8
5 比 5 接近低级数字，加 432 一次，出数 1（1＋6＝7），一致为商			0	4	3	2		三	〇	六	七			

以上详细介绍了补数除法的逐档求商法和分三级求商法。逐档求商法，变减为加，扬长避短，除数越大其运算越简捷，且不论估商偏大、偏小，运算和调商都很方便；分三级求商法，可不用估出准确商，只要估出大致级数，再根据出数情况进行调商即可。在实际计算中，若把这两种方法结合起来灵活运用，会更加简便、快捷。

练习题

（1）36,064÷98＝

（2）453.84÷0.93＝

（3）6,554÷90.4＝

（4）322.088÷988＝

（5）309.73÷0.978＝

（6）9,450.31÷99.64＝

（7）253,503÷687＝

（8）876,095÷9,370＝

（9）4,653,006÷9,714＝

（10）80,077,473÷18.63＝

第四节　省除法

在珠算除法的运算过程中，被除数和除数的位数越多，运算就越麻烦，也越容易出差错。而在实际工作中，求出的很多位商，一般只需要三四位有效数字，绝大多数是近似值。从运算过程中还可以看出，影响商数大小的数对商的影响也就越小。所以，在多位数除法的运算中，被除数和除数的后几位数，可根据精确度适当截取一部分，使计算简化。这种简化的除法称为"省除法"。

其运算步骤如下：

1. 先用公式定位法确定题目所要求的商数的位数（包括整数和小数）。

2. 被除数和除数各从首位起截取比商数多一位的数。如果被除数的首位数字小于除数的首位数字时，被除数应再多取一位，尾数按"四舍五入"法取舍。

3. 被除数截取后，可用各种除法计算（注意用什么方法计算，应该按该方法的定位方法定位和截取）。在被除数布入盘后，在其右一档拨上全部珠，作为"压尾档"的标记。

4. 加减部分积时，所加商数倍补数或所减商数倍除数均加、减至截止档为止，截止档应加减的数字，按四舍五入处理。

5. 最后剩下的余数，如果大于或等于除数的首位数和次位数字的一半时，商数的末位加"1"，否则不计舍去。

【例1】546, 327. 91 ÷ 428, 756. 39 = 1. 27　（精确到0. 01）

由公式 m − n + 1 = 6 − 6 + 1 = 1（位），可知商有三位有效数字，把被除数和除数各从首位起截取四位，原题可以简化为 5, 463 ÷ 4, 288（用商除法运算）。

运　算　步　骤	盘　　式														
	拨珠档次							运算结果							
	1	0	−1	−2	−3	−4	▽	1	0	−1	−2	−3	−4	▽
由定位公式 m − n − 1 = 4 − 4 − 1 = −1，从"−1"档起置被除数，随后一档作为压尾档（用▽表示）			5	4	6	3				5	4	6	3	
立商1，减1×4, 288 = 04, 288	−	0	4	2	8	8		一	0	1	1	7	5	

运算步骤	盘　式													
	拨珠档次							运算结果						
	1	0	-1	-2	-3	-4	▽	1	0	-1	-2	-3	-4	▽
立商2，减去 {2×4=08; 2×2=04; 2×8=16; 2×8=1▽} ▽落在压尾档上，前档多减1		0	8					一	二	0	3	1	7	
			0	4										
				1	6									
					2									
立商7，减去 {7×4=28; 7×2=14; 7×8=5▽} ▽落在压尾档上，"五入"前档多减1，余数17舍去不计		2	8					一	二	七	1	7		
			1	4										
				6										

【例2】78, 562, 437. 52 ÷9, 472, 836. 73 =8. 29 （精确到0.01）

由公式 $m - n = 8 - 7 = 1$（位），可知商有三位有效数字。被除数的首数小于除数的首数，故被除数截取 5 位，除数截取 4 位，原题可以简化为 78,562 ÷ 9,473（用商除法运算）。

运算步骤	盘　式													
	拨珠档次							运算结果						
	1	0	-1	-2	-3	-4	▽	1	0	-1	-2	-3	-4	▽
由定位公式 $m - n - 1 = 5 - 4 - 1 = 0$，从"0"档起置被除数，随后一档为压尾档（用▽表示）	7	8	5	6	2			7	8	5	6	2		
立商8，减去 {8×9=72; 8×4=32; 8×7=56; 8×3=24}	7	2						八	0	2	7	7	8	
		3	2											
				5	6									
					2	4								
立商2，减去 {2×9=18; 2×4=08; 2×7=14; 2×3=06} ▽落在压尾档上，前档多减1		1	8					八	二	0	8	8	3	
			0	8		4								
				1		1								
立商9，减去 {9×9=81; 9×4=36; 9×7=6▽} ▽落在压尾档上，舍去不计，余数31舍去不计		8	1					八	二	九	0	3	1	
			3	6										
				6										

练习题（精确到 0.01）

（1）4,262,784 ÷ 572,847 =

（2）6,047,864 ÷ 6,471,324 =

（3）703,486 ÷ 710,034 =

（4）74,061,124 ÷ 76,542,943 =

（5）5,407.234,7 ÷ 7,041.896,1 =

（6）7,156,793 ÷ 8,476,112 =

（7）9,432,432 ÷ 8,411,637 =

（8）2,300,826 ÷ 2,414,286 =

（9）85,663,247 ÷ 8,411,324 =

（10）0.564,784 ÷ 0.411,632,9 =

第十章
珠算计息

銀行存、贷款计算利息，是对国民收入进行再分配的一种形式，也是银行财务收支的主要内容，它关系到各单位、人民群众和银行的经济利益。珠算计息是珠算技术在计算利息中的运用，准确、快速地计算利息是银行的一项重要工作。

第一节 计算利息的基本常识

一、计算利息的基本公式

利息是根据存、贷款的金额和期限，按照规定的利率来计算的。因此，存、贷款的金额（本金）、时期、利率构成利息计算必备的三个因素。其基本计算公式为：

本金×时期×利率＝利息

计算利息的方法有多种，但都是根据这一基本公式原理换算出来的，所以熟悉这个公式对进一步理解和掌握各种利息的计算是很有必要的。

二、时期的计算

时期是指存、贷款的时间，它是计息工作中最活跃的因素。时期按年数、月数或天数计算。存、贷款计息的天数，采用"算头不算尾"的办法计算，即存入、贷出日起息，取款、还款日不计息。由于计息的对象和方法不同，时期的计算也有所区别。时期的计算一般分为三种情况：

1. 时期按日历天数计算，即有一天算一天，平年按 365 天计算，闰年按 366 天计算。这种方法适用于单位活期存款和定期结息的贷款及金融机构之间的资金账务往来的利息计算等。

2. 时期按对年对月对日的方法计算。对年按 360 天计算，对月按 30 天计算，零头天数按实有天数计算。这种方法适用于单位定期存款和逐笔计息的贷款，是在存款到期支取或贷款归还时逐笔计息（即利随本清）使用。

3. 以月为单位，不论大月、小月、平月、闰月，每月均按 30 天计算，每年按 360 天计算。采用此方法计算存期仍按对年对月对日计算，零头天数跨月的不论大小月，均按月末一天为 30 天计算。这种方法适用于各种定期和活期储蓄存款利息的计算。

计算时期的方法很多，还有一些特殊的规定，在银行会计课中会详细讲述，为了避免重复，这里不再一一介绍。

三、利率及其换算

利率是指一定时期内利息与存入或贷出本金的比率。

利率分年利率、月利率、日利率三种。通常，年利率按本金的百分之几表示（%），月利率按本金的千分之几表示（‰），日利率按本金的万分之几表示（‰）。在计算时应注意时期单位与利率单位一致。

银行各种存、贷款利率一般以年利率形式表示，三种利率的换算关系是：

年利率 = 月利率 × 12 = 日利率 × 360

月利率 = 年利率 ÷ 12 = 日利率 × 30

日利率 = 月利率 ÷ 30 = 年利率 ÷ 360

例如：将年利率 2.25% 换算为月利率及日利率。

月利率 = 年利率 ÷ 12 = 2.25% ÷ 12 = 1.875‰

表示本金一千元一个月的利息为 1.875 元。

日利率 = 年利率 ÷ 360 = 2.25% ÷ 360 = 0.625‰

表示本金一万元一天的利息为 0.625 元。

由于利率既可以用小数表示，又可以用分数表示，因此利率的位数也有两种确定方法：

1. 以小数表示的利率直接根据小数点的位置确定其位数。

【例1】利率 0.002,4（即 2.4‰）为负二位数

【例2】利率 0.000,08（即 0.8‰）为负四位数

【例3】利率 0.028,8（即 2.88%）为负一位数

2. 以百分数、千分数、万分数表示的利率分别采用减 2、减 3、减 4 的方法来确定其位数。

【例4】年利率 2.88% 的位数为 2.88 的位数减 2，即 1 − 2 = −1（位）

【例5】月利率 2.4‰ 的位数为 2.4 的位数减 3，即 1 − 3 = −2（位）

【例6】日利率 0.8‰ 的位数为 0.8 的位数减 4，即 0 − 4 = −4（位）

为了迅速、准确地运用珠算技术计算利息，在计算中必须熟练掌握定位法，而学习定位法首先要了解确定数的位数的方法。以上介绍的两种方法确

定数的位数结果是一致的。

四、定期储蓄存款利息计算的有关规定

1. 到期支出：按开户时所定利率计息。
2. 提前支取：提前支取部分按支取日挂牌公告的活期储蓄利率计息。
3. 过期支取：过期部分按支取日挂牌公告的活期储蓄利率计息。

练习题

将下表中已知的一种利率分别换算成另外两种利率形式。

序号	年利率（%）	月利率（‰）	日利率（‰）
(1)		1.5	
(2)	1.80		
(3)			0.5
(4)	2.25		
(5)		1.875	
(6)			0.625
(7)	2.52		
(8)		2.1	
(9)			0.7
(10)		2.55	
(11)	3.06		
(12)			0.85
(13)		3.075	
(14)	3.69		
(15)			1.025
(16)		3.45	
(17)	4.14		
(18)			1.15

第二节　珠算计息

一、采用"利随本清"的方法计息定位

（一）存、贷款的计息公式

计息的基本公式为：利息 = 本金 × 时期 × 利率。时期有整年、整月和零头天数三种情况。整年的按年计算，整月的按月计算，有整月又有零头天数

的可全部化为天数计算。其计息公式为：

1. 时期为整年的：利息 = 本金 × 年数 × 年利率

2. 时期为整月的：利息 = 本金 × 月数 ×（年利率 ÷ 12）

3. 时期有零头天数的：利息 = 本金 × 日数 ×（年利率 ÷ 360）

【例1】储户李明于 2005 年 6 月 20 日存入整存整取定期储蓄存款 15,000 元，定期一年，利率为 2.25%，活期利率为 0.99%。要求按下列不同支取情况分别计算应付利息。

（1）李明于 2006 年 6 月 20 日到期支取；

（2）李明于 2006 年 3 月 20 日提前支取；

（3）李明于 2006 年 9 月 15 日过期支取。

计算应付利息：

（1）到期支取：$15,000 \times 1 \times 2.25\% = 337.5$（元）

（2）提前支取：$15,000 \times 9 \times (0.99\% \div 12) = 111.38$（元）

（3）过期支取：$15,000 \times 1 \times 2.25\% + 15,000 \times 85 \times (0.99\% \div 360)$
$$= 372.56 （元）$$

（二）珠算计息的定位

1. 固定个位定位法

（1）采用破头乘运算

连乘定位用固定个位定位法的置数位置的规律是：连乘几个因数的位数相加之和，就是拨入被乘数首位的档次。举例说明如下：

【例2】某储户存入整存整取定期储蓄存款 8,000 元，存期一年，利率为 2.25%，到期支取。计算应付利息。

计息算式：$8,000 \times 1 \times 2.25\% = 180$（元）

布实位数为：$4 + 1 + 1 - 2 = 4$（位）

在算盘上按正四位拨入被乘数，经两次用破头乘法运算后，从算盘上可以直接读得利息为 180 元。珠算图示见表 10 - 1。

表 10 - 1

说　　明	盘　式					
	·	·	▼·	·	·	
按正四位拨入被乘数		8				
乘以 1 的积			8			
乘以 225 的结果			1	8	0	

注："▼"为算盘上的个位档，也就是计算结果利息元位档（下同）。

【例3】某企业单位于6月16日向银行借款28,000元，期限6个月，利率为5.85%，该单位于11月22日提前全部归还。计算应收利息。

利率换算：日利率 $=5.85\% \div 360 = 1.625‰ = 0.000,162,5$

计息算式：$28,000 \times 156 \times 0.000,162,5 = 709.8$（元）

布实位数为：$5 + 3 + (-3) = 5$（位）

在算盘上按正五位拨入被乘数，经两次连乘运算，从盘上直接读得利息为709.8元。珠算图示见表10-2。

表10-2

说　　明	盘　式						
		·	·	▼·	·	·	·
按正五位拨入被乘数		2	8				
乘以156的积			4	3	6	8	
乘以1,625的结果				7	0	9	8

（2）先用空盘乘再用破头乘运算

首先利用空盘乘计算前两个因数之积，并按连乘几个因数的位数之和拨加入盘；然后再利用破头乘计算盘上数与其余因数之积。

【例4】某储户于2005年10月20日存入整存整取定期储蓄存款25,000元，定期一年，利率为2.25%，2006年10月20日到期支取。计算应付利息。

计息算式：$25,000 \times 1 \times 2.25\% = 562.5$（元）

各因数的位数和为：$5 + 1 + 1 - 2 = 5$（位）

在算盘上用空盘乘按正五位拨加前两个因数的乘积，再用破头乘计算盘上数与另外一个因数的乘积，从盘上直接读得利息为562.50元。珠算图示见表10-3。

表10-3

说　　明	盘　式						
		▽·	·	▼·	·	·	·
用空盘乘按正五位拨加 25×1 的积		2	5				
用破头乘连乘225的结果			5	6	2	5	

注："▽"为起加档（下同）。

（3）采用乘除一次定位运算

这种算法适用于需要换算利率的计息算题，它将利率的换算并入到计息算式中。该方法是：利用固定个位定位法，依下列公式计算布实位数，确定起加档或布数档，用空盘乘、破头乘及商除法来计算利息。

定位公式：布实位数＝各相乘因数位数和－换算时期位数－1

【例5】某客户于 2006 年 7 月 16 日向银行借款 60,000 元，期限 4 个月，利率为 5.85%。该客户于 2006 年 10 月 28 日提前归还。计算应收利息。

计息算式：$60,000 \times 102 \times 5.85\% \div 360 = 994.5$（元）

布实位数为：$5 + 3 + 1 - 2 - 3 - 1 = 3$（位）

在算盘上按正三位运用空盘乘、破头乘及商除法连续计算，可从盘上直接读得利息为 994.5 元。珠算图示见表 10－4。

表 10－4

说　　　明				盘	式				
				▽		▼			
			·			·		·	·
用空盘乘按正三位拨加 6×102 的积				6	1	2			
用破头乘连乘 585 的积				3	5	8	0	2	
用商除法除 36 的结果			9	9	4	5			

2. 盘上公式定位法

这种方法也是先用空盘乘法，再用破头乘法运算。根据这两种乘法的运算规律，定位的方法是：

（1）选定带有计位点的档（或算盘最左边一档）作为起加档，利用空盘乘法计算，再用破头乘法运算。

（2）计算几个因数的位数和。

（3）根据起加档与第一位有效数字的位置关系，按下列三种情况来确定积的位数：第一种是积的首位值在起加档上时，三个因数的位数之和就是乘积的位数；第二种是起加档为空档，则三个因数的位数和减 1，才是乘积的位数；第三种是起加档及其后一档为空档，则三个因数的位数和减 2，才是乘积的位数，即前空几档便从位数和中减几位确定积的位数。

【例6】某储户存入整存整取定期储蓄存款 8,000 元，定期两年，利率为 2.43%，到期支取。计算应付利息。

计息算式：$8,000 \times 2 \times 2.43\% = 388.8$（元）

珠算图示见表 10－5。

表 10-5

说　　明	盘　式							
	·	▽·		·		·		·
以带▽档为起加档空盘乘运算 8×2 的积		1	6					
用破头乘连乘 243 的结果		3	8	8	8			

定位方法：各因数的位数和为 4+1+1-2=4（位）

由于首位值前空一档，故积的位数为 4-1=3（位），利息值为 388.8 元。

【例7】某储户存入整存整取定期储蓄存款 10,000 元，定期 3 个月，利率为 1.98%，到期支取。计算应付利息。

利率换算为：1.98%÷12=1.65‰

计息算式：10,000×3×1.65‰=49.5（元）

珠算图示见表 10-6。

表 10-6

说　　明	盘　式							
	·	▽·		·		·		·
从"▽"档起加，空盘乘运算 1×3 的积		3						
用破头乘连乘 165 的结果			4	9	5			

定位方法：各因数的位数和为 5+1+1-3=4（位）

由于首位值前空二档，故积的位数为 4-2=2（位），利息值为 49.5 元。

【例8】某客户向银行借款 95,000 元，期限 6 个月，利率为 5.85%，到期归还。计算应收利息。

利率换算为：5.84%÷12=4.875‰

计息算式：95,000×6×4.875‰=2,778.75（元）

珠算图示见表 10-7。

表 10-7

说　　明	盘　式							
	▽·		·		·		·	
从"▽"档起加，空盘乘运算 95×6 的积	5	7						
用破头乘连乘 4,875 的结果	2	7	7	8	7	5		

定位方法：各因数的位数和为 5 + 1 + 1 − 3 = 4（位）

由于首位值在起加档上，故正四位就是积的位数，利息值为 2,778.75 元。

二、采用积数计息定位

（一）积数计息的方法

积数计息适用于定期结息的存、贷款，一般是按季结息（每季末月 20 日），采用余额表计息或在账页上计息的方法。其计息公式为：

累计计息积数 × 年利率 ÷ 360 = 利息

1. 余额表计息法

计息余额表是每日根据计息科目各分户账当日的最后余额抄列的。因为按季结息，所以将余额表上的各户余额从上季度结息日后的第一日起加总至本季度结息日止，得出累计数，即为本季度的累计计息积数。若发生错账冲正涉及计息的积数，应根据其发生额和日数计算出应加或应减积数，列入余额表内，以便调整。

在计算出累计应计利息积数后，乘以日利率，即得出应付（收）利息。

计息余额表的格式见表 10 - 8。

表 10 - 8　　　　　　　计息余额表

科目名称：

科目代号：　　　　　×××年 12 月份利率 0.99%　　　　　第　页

摘　要	221,006 制鞋厂 （位数）	（位数）	（位数）	合　计 （位数）
上月累计计息积数	4,362,800.00			
1 日	50,000.00			
2 日	60,000.00			
……	……			
10 日	80,000.00			
10 天小计	610,000.00			
11 日	80,000.00			
……	……			
20 日	90,000.00			
20 天小计	1,487,500.00			
21 日				
……				
31 日				
本月合计	1,487,500.00			
应加积数				
应减积数	20,000.00			
至本月累计计息积数	5,830,300.00			
利息数	160.33			

【例9】 制鞋厂第四季度的计息余额表（表10-8）中，20 天（12 月 1 日—20 日）小计为 1,487,500 元，至上月底（9 月 21 日—11 月 30 日）累计计息积数为 4,362,800 元，因冲账应减积数为 20,000 元。本季度结息日（12 月 20 日）累计计息积数为 5,830,300（4,362,800 + 1,487,500 − 20,000）元。

利息 = 5,830,300 × 0.99% ÷ 360 = 160.33（元）

2. 账页积数计息法

采用在分户账页上计息的一般使用乙种账页，当发生资金收付后，按上次最后余额乘以该余额的实存（贷）天数计算出积数，记入账页上的"日数"栏和"积数"栏内；更换账页时，将累计积数过入新账页第一行内，待结息日营业终了，再计算出全季的累计天数和累计积数。以累计积数乘以日利率，即得出应付（收）利息。

计息分户账页的格式见表10-9。

表10-9   活期存款分户账

户名：南昌百货公司   利率：0.99%

××年 月	日	摘要	借方	贷方	借或贷	余额	日数	积数
11	15	承前页			贷	14,000.00	55 5	3,046,000 70,000
11	20	存入		3,000.00	贷	17,000.00	8	136,000
11	28	支取	1,500.00		贷	15,500.00	2	31,000
11	30	支取	4,000.00		贷	11,500.00	3	34,500
12	3	存入		8,000.00	贷	19,500.00	3	58,500
12	6	支取	500.00		贷	19,000.00		
12	6	支取	1,200.00		贷	17,800.00	4	71,200
12	10	存入		3,000.00	贷	20,800.00	2	41.600
12	12	存入		12,000.00	贷	32,800.00	4	131,200
12	16	支取	1,600.00		贷	31,200.00	3	93,600
12	19	存入		2,000.00	贷	33,200.00	1	33,200
12	20	存入		1,000.00	贷	34,200.00	1	34,200
12	21	结息转存		103.98	贷	34,303.98	91	3,781,000

【例10】 表10-9 是南昌百货公司第四季度的存款分户账，要求在此分户账上计算利息。

根据计息公式计算利息如下：

利息 = 3,781,000 × 0.99% ÷ 360 = 103.98（元）

（二）珠算计息的定位

采用积数计息的方法，结息工作相对集中（每季末月 20 日），并且用积数计息的账户是按同一利率计息。因此，积数计息实际上就是求一个多位数（累计计息积数）与一个固定的负位数（日利率）的乘积。下面具体介绍定位法。

1. 固定个位定位法

采用固定个位定位法首先要计算布实位数，并在盘上选定一个带有记位点的档作为积的个位档，运用空盘乘或破头乘求两因数之积。定位公式为：

布实位数 = 累计积数位数 + 日利率位数

【例11】分别计算下列两个积数的利息，日利率为 0.000,027,5（0.99 ÷ 360）。①8,674,500 元；②45,389,600 元。

（1）计息算式：8,674,500 × 0.000,027,5 = 238.55（元）

布实位数为：7 + （ − 4） = 3（位）

珠算图示见表 10 − 10。

表 10 − 10

说　　明	盘　　式							
按正三位将累计积数布在盘上	8	6	7	4	5			
乘以 275 的积	2	3	8	5	4	8	7	5
四舍五入后得利息值	2	3	8	5	5			

（2）计息算式：45,389,600 × 0.000,027,5 = 1,248.21（元）

布实位数为：8 + （ − 4） = 4（位）

珠算图示见表 10 − 11。

表 10 − 11

说　　明	盘　　式						
按正四位将累计积数布在盘上	4	5	3	8	9	6	
乘以 275 的积	1	2	4	8	2	1	4
四舍五入后得利息值	1	2	4	8	2	1	

2. 盘上公式定位法

采用公式定位法首先在盘上选定一档作为起加档，利用空盘乘求两因数之积，然后再根据起加档是否为空档来确定利息值。定位方法如下：

当起加档上有值时，积的位数 = 累计积数位数 + 日利率位数；

当起加档为空档时，积的位数 = 累计积数位数 + 日利率位数 − 1。

【例12】分别计算下列两个积数的利息，日利率为 $0.000,027,5$ （0.99%÷360）。①84,756,869 元；②32,914,758 元。

（1）计息算式：$84,756,869 \times 0.000,027,5 = 2,330.81$ （元）

珠算图示见表 10 - 12。

表 10 - 12

说　　明	盘　式										
	▽										
	·			·			·			·	
以带"▽"为起加档，拨加乘积	2	3	3	0	8	1	3	8	9	7	5

积的位数 = 8 + （ - 4 ） = 4 （位）

按正四位从盘上读得利息值为 2,330.81 元。

（2）计息算式：$32,914,758 \times 0.000,027,5 = 905.16$ （元）

珠算图式见表 10 - 13。

表 10 - 13

说　　明	盘　式										
	▽										
	·			·			·			·	
以带▽档为起加档，拨加乘积		9	0	5	1	5	5	8	4	5	0

积的位数 = 8 + （ - 4 ） - 1 = 3 （位）

按正三位从盘上读得利息值为 905.16 元。

计息定位不仅限于上述介绍的方法，也可以采用其他的定位法（如移档定位法、数小数定位法等），这里就不再一一介绍了。同时，如果我们能在计息过程中合理地运用乘法简算法（如将省乘法运用于积数计息方法中），将会收到良好效果，使计息工作更准确、迅速地完成。

练习题

1. 目的：练习运用珠算技术计算利息。

2. 要求：根据下列资料按规定的利率和计息方法计算利息。

3. 资料：

（1）金融机构人民币存、贷款基准利率表：

金融机构人民币存、贷款基准利率表

项　目	2004 年 10 月 29 日	2006 年 8 月 19 日
一、活期存款	0.72	0.72
二、定期存款		
（一）整存整取		
三个月	1.71	1.80
半　年	2.07	2.25
一　年	2.25	2.52
二　年	2.70	3.06
三　年	3.24	3.69
五　年	3.60	4.14
（二）零存整取、整存零取、存本取息		
一　年	1.71	1.80
三　年	2.07	2.25
五　年	2.25	2.52
（三）定活两便	按一年以内定期整存整取同档次利率打六折执行	按一年以内定期整存整取同档次利率打六折执行
三、协定存款	1.44	1.44
四、通知存款		
一　天	1.08	1.08
七　天	1.62	1.62
五、短期贷款		
六个月以内（含六个月）	5.40	5.58
六个月至一年（含一年）	5.85	6.12
七、中长期贷款		
一至三年（含三年）	6.03	6.30
三至五年（含五年）	6.12	6.48
五年以上	6.39	6.84
八、个人住房公积金贷款		
五年以下（含五年）	4.14	4.14
五年以上	4.59	4.59

（2）定期储蓄存、取款情况如下表：

本　金	存入时期	支取时间	利　息
18, 500	2006. 3. 30	2007. 3. 30	
61, 000	2006. 5. 25	2007. 8. 15	
72, 800	2006. 6. 10	2007. 5. 20	
32, 000	2006. 7. 18	2006. 10. 18	
46, 500	2006. 8. 20	2007. 2. 20	
18, 600	2006. 9. 6	2007. 7. 20	
6, 500	2006. 10. 18	2007. 10. 18	
15, 000	2005. 11. 22	2007. 11. 22	
12, 000	2005. 12. 16	2008. 2. 16	
34, 300	2006. 3. 5	2008. 5. 15	
76, 200	2006. 6. 17	2006. 11. 10	
54, 000	2006. 1. 8	2006. 8. 20	
28, 000	2006. 2. 21	2007. 5. 16	
19, 500	2006. 5. 14	2007. 5. 14	
16, 200	2006. 6. 12	2007. 9. 26	
62, 300	2005. 8. 10	2007. 10. 12	
47, 650	2006. 9. 18	2007. 7. 10	
35, 700	2003. 10. 14	2008. 11. 4	
24, 000	2005. 11. 5	2007. 6. 16	

（3）贷款发放与收回情况如下表：

本　金	存入时期	支取时间	利　息
84, 000	2006. 3. 28	2006. 9. 28	
20, 500	2006. 4. 15	2006. 10. 10	
312, 800	2006. 7. 20	2007. 5. 15	
705, 600	2005. 9. 2	2006. 8. 20	
170, 000	2006. 11. 16	2007. 11. 16	
120, 000	2006. 12. 8	2007. 6. 1	
500, 00	2006. 1. 25	2006. 7. 20	
96, 780	2006. 4. 18	2006. 12. 25	
242, 000	2006. 6. 16	2007. 8. 26	
650, 000	2005. 8. 20	2008. 8. 10	

（4）计算下列各积数的利息：

活期利率为：0. 000, 02（0.72% ÷360）

①68, 275, 362 × 0. 000, 02 =
②7, 294, 723 × 0. 000, 02 =
③867, 500 × 0. 000, 02 =
④5, 968, 389 × 0. 000, 02 =
⑤13, 298, 400 × 0. 000, 02 =
⑥12, 720, 600 × 0. 000, 02 =
⑦6, 492, 856 × 0. 000, 02 =
⑧72, 764, 325 × 0. 000, 02 =
⑨4, 827, 289 × 0. 000, 02 =
⑩080, 600, 390 × 0. 000, 02 =
⑪245, 200, 000 × 0. 000, 02 =
⑫18, 345, 000 × 0. 000, 02 =
⑬9, 627, 450 × 0. 000, 02 =
⑭32, 286, 000 × 0. 000, 02 =
⑮768, 462, 500 × 0. 000, 02 =
⑯126, 300, 846 × 0. 000, 02 =
⑰78, 496, 000 × 0. 000, 02 =
⑱9, 543, 760 × 0. 000, 02 =
⑲426, 587, 230 × 0. 000, 02 =
⑳687, 268, 739 × 0. 000, 02 =

第十一章
点钞的基本方法

点钞技术是银行出纳人员的基本功。不断改进、提高现金整点的操作技术，对于提高工作效率，加速现金周转使用，调剂货币流通，促进国民经济发展都具有重要意义。

第一节　点钞的基本要求

一、坐姿要端正

两脚平踏地面，上身直正、自然，全身肌肉放松，双手配合协作。

二、点数要准确

银行出纳人员工作质量的核心问题是个"准"字。因此，在操作中精神要集中，坚持定型操作。只有手、脑、眼三位一体，有机配合，才能达到"准"的效果。

三、票子要墩齐

钞票清点结束，应在操作台面墩齐后再进行捆扎。要求钞票四条边水平，不能露头或呈梯形错开，卷角应拉平。

四、钞票要捆紧

钞票捆扎应松紧适度。扎小把应以第一张钞票轻轻向斜上方提，以不能抽出为标准。捆大捆（十把）就以"井"字捆扎，做到用力推不变形，抽不出票。

五、盖章要清晰

盖章是点钞过程中的最后一环，是分清责任的标志。所以，图章一定要盖得清晰，以便明确责任。

第二节　钞票的平摊整理和捆扎

一、平摊整理

整理现金时，应先挑剔出损伤券，然后按券别（100 元、50 元、10 元、5 元等）、完整券和损伤券进行分类整点、捆扎。

二、捆扎方法

腰条捆扎技术是纸币清点中的一个重要环节，在机器点钞和手工纸币点钞中，腰条捆扎速度对提高点钞整体速度具有不可忽视的作用。

（一）捆扎要求

捆扎现金要每百张为一把，用腰条在钞票中间扎好，不足百张的则将腰条捆扎在钞票一端的1/3 处，并将张数、金额写在腰条的正面。

凡经整点的现金必须在钱把侧面腰条上加盖经办人名章。每十把钞票用细绳以双十字形捆扎为一捆，在顶端加贴封签，并加盖捆扎人的名章。

（二）扎把方法

1. 拧扎法（半劲扎法）

将点准的钞票合把墩齐以后，左手把钞票横立，正面朝向整点员，拇指在钞票正面，食指在钞票上脊中间，其他各指在钞票背面。右手取腰条的1/3 处搭在钞票上脊中间，用左手食指将腰条压住（图 11 – 1），左手腕向外转动，右手食指与拇指向钞票背面缠绕中间捋腰条，在腰条两端并拢处捏紧（图 11 – 2），同时，左手拇指从钞票前移到与食指对侧面中间，将钞票捏紧竖起。左手手指稍向右用力将钞票弯成瓦形，然后，左手往里转动钞票，右手向外拧腰条并打半个劲结（图 11 – 3），右手食指按压花结外侧，顺势将腰条下端掖进原腰条的下边，将钞票压平即可。

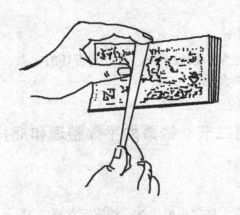

图 11 − 1

图 11 − 2

图 11 − 3

2. 缠绕捆扎法（缠绕折掖法）

将清点完毕的钞票横放于操作台。左手拇指在内，其他四指在外握住钞票左端，五指配合向身体方向用力，使钞票向内弯曲，弯度不要过大。右手持腰条一端贴于钞背票面，左手食指、中指将腰条压住。右手拇指在内，中指食指在外持腰条向内缠绕，绕至下端，食指移到拇指一侧，与中指夹住腰条继续上绕，绕至上端时，右手腕向右侧翻转，使腰条形成折角，以食指插入原腰条的下面，用拇指将折角压平防止松脱。

第三节　手工点钞法

点钞法分为手工整点和机具整点两大类。其中，手工整点钞票的方法在广大业务人员积累了丰富的实践经验的基础上，不断地得到改进和提高。目前的点钞方法已发展到二十多种。本节主要介绍几种较普遍使用的手持式、手按式及扇面点钞法。

一、手持式点钞法

手持式点钞法主要有手持式单指单张点钞法和手持式多指多张点钞法。

（一）手持式单指单张点钞法

手持式单指单张点钞法 I

这种点钞方法是点钞方法中最基本、最常用的，方法比较简单的一种。它的适用范围比较广泛，可用于收款、付款的初、复点和整点各种新、旧、大、小面额的钞票。采用这种方法，由于清点时能看到的面积比较大，易于识别真假票币，便于挑剔损伤券。但使用这种方法点一张记一个数，劳动强度较大。这种点钞方法可分为以下四个环节：

1. 拆把与持钞

坐姿端正、钞票正面向内。左手拇指、无名指和小拇指在钞票正面，食指、中指在钞票背面，将钞票左端中间处夹于中指、无名指之间，钞票左端就尽量靠近手指根部。食指伸开，其他手指自然弯曲，左手腕向内弯扣，同时食指向前伸勾断腰条（图 11 - 4）。食指移到钞票外侧，拇指按于钞票内侧将钞票向外翻推，捻成一个微开的扇面形状，食指伸直托住钞票背面。钞票自然直立与桌面基本垂直（图 11 - 5）。

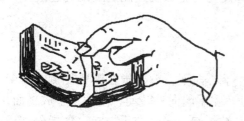

图 11 - 4

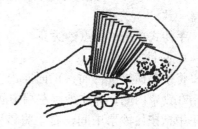

图 11 - 5

2. 清点

拆把后，钞票正面面对点钞员。右手中指微微翘起，托住钞票右上角，拇指指尖将钞票右上角向右下方逐张捻动（图 11 - 6），无名指配合拇指将捻动的钞票向下弹拨，拇指捻动一张，无名指弹拨一张，左手拇指随着点钞的进度，逐步向后移动，食指向前推移钞票，以便加快钞票下落速度。

3. 记数

采用心记数法，每捻动一张记一个数，即：1、2、3、4、5、6、7、8、9、1（10）；1、2、3、4、5、6、7、8、9、2（20）；……1、2、3、4、5、6、7、8、9（90）；1、2、3、4、5、6、7、8、9（100）。采用这种记数法的优点是：将十位数的二位数字变成一位数字，省脑易记，每点百张可节约记忆 80

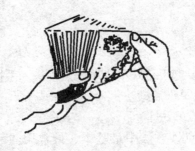

图 11 - 6

多个字节，且心记速度易与清点速度相协调，不易产生差错。

4. 扎把

应注意的问题：

（1）坐姿要端正，左手拇指轻压在钞票侧面。

（2）持钞票面与桌面垂直，如弯度过大会影响清点速度。

（3）清点时应以右手拇指尖清点，尽量缩小动作幅度，幅度过大会影响点钞速度。无名指应配合拇指进行调拨。

（4）记数时不要口念出声，以免点钞速度快，口念与大脑记数不协调而产生错记数。

（5）点"准"的关键是手指清点速度与心记数的速度均应以匀速进行并保持一致。

手持式单指单张点钞法Ⅱ

1. 持钞

将钞票横放于台面，正面向内，左手心向下，小拇指在钞票外侧，其余四指在钞票内侧，夹住钞票左端中间处。左手腕向外转动，使钞票平放桌面，左手中指按住钞票中间，右手将钞票右端抬起，同时左手拇指、食指分别压在钞票两侧。

2. 清点

右手中指贴于钞票外侧，形成支点。拇指尖由钞票内上角将钞票向外拨点。主要依靠拇指第一关节的运动将钞票逐张拨出。

3. 记数

同Ⅰ

4. 扎把

（二）手持式多指多张点钞法

1. 手持式四指四张点钞法（四指拨动点钞法）

这种点钞方法以左手持钞，右手四指依次各点一张，一次四张，轮回清点，速度快，点数准，轻松省力，挑剔残损券也较为方便，是纸币复点中常用的一种方法。此种点钞方法可分为以下四个环节：

（1）持钞。钞票横放于台面。左手心向下，中指自然弯曲，指背贴在钞票中间偏左的内侧，食指、无名指与小拇指在钞票外侧，中指向外用力，外侧三指向内用力，使钞票两端向内弯成"U"型。拇指按于钞票右侧外角向内按压，使右侧展作斜扇面形状（图 11－7），左手腕向外翻转，持钞于胸前，食指成直角抵住钞票外侧，拇指按在钞票上端斜扇面上。

（2）清点。右手拇指轻轻托在钞票右里角扇形的下端，其余四指并拢弯曲，指尖成斜直线（图 11－8）。点数时小指、无名指、中指、食指指尖依次捻钞票的右上角与拇指摩擦后拨票，一指清点一张，一次点四张为一组。左手拇指、中指随着右手清点逐渐向上移动，食指稍加力向前推动以适应待清点钞票的厚度（图 11－9）。

图 11－7

图 11－8

159

图 11－9

（3）记数。采用分组记数法，每一组记一个数，数至 25 组为 100 张，即：1、2、3、4、5、6、7、8、9、1（10）；1、2、3、4、5、6、7、8、9、2（20）；……1、2、3、4、5（100）。

（4）扎把。

应注意的问题：

①左手持钞时钞票要有足够的弯度，上端成斜扇面形状，左手与身体基本平行，右手拇指位置保持不变。

②右手指拨票时，充分发挥关节的作用，以指尖捻动钞票右上角，四指并拢，尽量缩小运动幅度。

③点数过程中若发现混杂有损伤券，就将这一组拨下，并记牢已点的数字，以左手保持钞票现状，用右手将损伤券向内向下折叠，使折叠面露出一端，再继续拨张动作。待一把点完后抽出损伤券，随即补足与抽出数等量的完整券。

④点准的关键是清点时目光应集中在钞票左上角，手点、眼看和心记密切配合。

2. 手持式五指点钞法

（1）持钞。钞票左端平放于左手掌心，无名指、小指夹住钞票左下端，食指于钞票左端与其他四指配合握住钞票左端，右手将钞票另一端向上折起，左手中指、拇指从钞票两侧伸出卡住钞票。拇指要高于中指，中指稍用力，使钞票右上角稍向后倾斜成弧形，以便于点数。食指稍弯曲抵住钞票背面的上方。

（2）清点。右手拇指尖按于钞票内上角向外拨点，食指、中指、无名指和小指依次由钞票外角向内拨点。一指清点一张，一次点五张为一组。手指拨点幅度应尽量缩小，动作要连贯。

二、手按式点钞法

手按式点钞法主要有手按式单指单张点钞法和手按式多指多张点钞法。

（一）手按式单指单张点钞法

这种方法简单易学，便于挑剔损伤券，适用于收、付款工作的初、复点。可分为以下四个环节：

1. 按钞及拆把

将钞票平放在桌面上，两肘自然放在桌面上。以钞票左端为顶点，与身体成45度角，左手小指、无名指按住钞票左面约1/3处，小指在前，无名指贴着小指甲随后，中指自然弯曲，然后食指伸向纸条下端，将纸条勾断（图11-10），中指、无名指、小指随即立起，用指尖按钞，手心朝下。食指与拇指张开抬起，为配合右手点数作准备。

图 11-10

2. 清点

右手掌心向下，右手腕抬起，中指伸直，拇指从钞票右端里侧托起部分钞票。食指指尖将钞票右侧内角与拇指摩擦后向里向上提，提起后左手拇指迅速接过，向上推，送到左手食指与中指之间夹住，依次连续操作。

3. 记数

用手持式单指单张点钞法。

4. 扎把

应注意的问题：

（1）左手按钞以指尖或第一关节按压钞票左上角。

（2）左手食指隔钞时，伸开压钞动作幅度大，应弯曲压钞，熟练后可清点几组后隔钞。

（3）右手拇指托起的钞票不要太多，也不应太少，一般一次以 20 张左右为宜。

（4）点"准"的关键是清点速度与记数速度保持一致的匀速运动。

（二）手按式多指多张点钞法

手按式多指多张点钞法 I

1. 按钞及拆把

同手按式单指单张点钞法。

2. 清点

右手掌心向下，拇指放在钞票端里侧，挡住钞票。食指、中指、无名指、小指指尖依次由钞票右侧外角向里向下逐张拨点，一指拨点一张，一次点四张为一组，依次循环拨动（图 11 - 11）。每点完一组，左手拇指将点完的钞票向上掀起，用食指与中指将钞票夹住，如此循环往复（图 11 - 12）。

图 11 - 11

图 11 - 12

3. 记数

采用分组记数法同手持式四指四张点钞法。

4. 扎把

应注意的问题：

（1）同手按式单指单张点钞法。

（2）右手横向拨点不便于检查票面，而且运动幅度过大会影响点钞速度，应以右手指尖或关节清点，有利于提高点钞速度。

（3）注意防止清点过程中有夹钞的现象。

手按式多指多张点钞法Ⅱ

1. 按钞及拆把

同手按式单指单张点钞法。

2. 清点

右手肘部枕在桌面上，掌心向下，拇指从钞票右端里侧托起部分钞票，小指弯曲。先用右手无名指从钞票右下角向内向上捻起一张，随即以中指、食指顺序各捻起一张（或先用右手小指捻起一张，随即无名指、中指、食指依次各捻起一张）。捻起的三张（或四张）为一组，用左手拇指向上推送到左手的食指与中指间夹住，如此循环往复。点数时应注意右手手指不宜抬得过高。

三、扇面式点钞法

这种点钞法，清点时，钞票展成扇面形状，右手一指或多指依次清点，清点速度快。这种点钞法适于收、付款的复点，特别是对大批成捆钞票的内部整点作用更大。但这种点钞方法清点时不易识别假票、夹杂券等，所以不适于收、付款的初点。

扇面式点钞法主要有扇面式一指多张点钞法和扇面式多指多张点钞法。

（一）扇面式一指多张点钞法

扇面式一指多张点钞法主要分为以下六个环节：

1. 持钞与拆把

采用直立持钞方法，钞票竖拿。左手拇指在钞票正面中间约 1/4 处，其余四指在钞票背面，食指根部紧贴钞票左下角。中指、无名指、小指向右斜伸，拇指第一关节立起与背面食指、中指共同抓牢钞票。钞票下端与掌心保持一定距离，使钞票可以自动晃动，无名指、小指自然弯曲。见图 11 - 13。

左手持钞，右手拇指尖与食指尖捏住钞票正面腰条折弯处，将腰条撕断（图 11 - 14）。拇指随即移到钞票中间搭在正面，食指、中指、无名指伸向钞票背面横托钞票，虎口对准钞票右侧面（图 11 - 15）。

2. 开扇

以左手拇指为轴心，右手掌内侧将钞票向左下方压弯，右手腕带动手指由左向右将钞票自由摇动。左手配合右手逆时针捻动轴心，右手拇指协助向左推捻钞票，其余四指在背面随左右晃动将钞票均匀化开，直至打开如扇开形状，每两张之间的距离能清晰地辨认为标准（图 11 - 16）。开扇后上部分大面呈扇形状，钞票下端尾部呈相反方向小扇形，整个图形像一把打开的纸扇（图 11 - 17）。

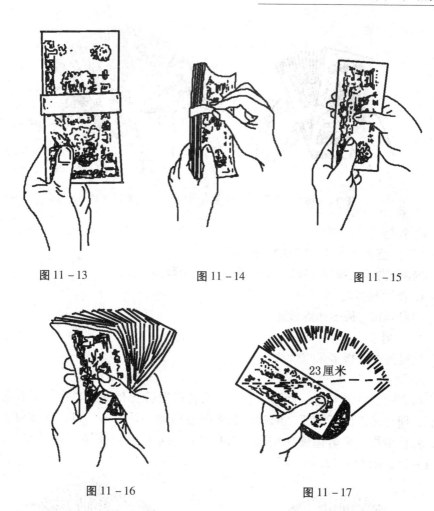

图 11 – 13　　　　　　　　图 11 – 14　　　　　　　　图 11 – 15

图 11 – 16　　　　　　　　　　图 11 – 17

163

3. 清点

眼睛与持扇的距离保持一定距离，分组清点，每一组清点张数可根据个人的能力而定（5、7、10、12、14 张等）。眼睛从扇面右上角开始向左看，确认一组张数后，右手食指托在扇面外侧，拇指放在扇面内侧夹住这一组钞票向下按压（图 11 – 18）。同时，眼睛继续向左确认出下一组，右手食指立即绕过钞票上端隔开，拇指随即向前伸与食指夹住，按压第二组钞票，如此循环往复。

4. 记数

采用分组记数法。例如，一指五张清点时，记作：1、2、3、4、5、6、7、8、9、1（10）；1、2、3、4、5、6、7、8、9、2（20 即 100）。

5. 合把

钞票清点完毕，右手拇指放在钞票右侧正面中间，其余四指托在钞票背面，双手同时快速相向推钞合把。见图 11 – 19。

图 11 – 18

图 11 – 19

6. 扎把

（二）扇面式多指多张点钞法

扇面式多指多张点钞法主要分为以下六个环节：

1. 持钞与拆把

同扇面式一指多张点钞法。

2. 开扇

同扇面式一指多张点钞法。

3. 清点

清点时，右手拇指、食指、中指、无名指先后交替清点。第一组看准张数后，拇指迅速向下按压。同时，眼睛向左移动，看清第二组，食指向下按压，然后中指、无名指依次按压，如此循环往复至清点完毕。见图 11 – 20、图11 – 21、图 11 – 22。

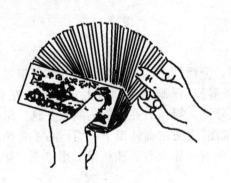

图 11 – 20

图 11 – 21

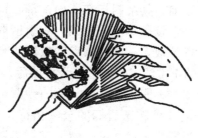

图 11 - 22

4. 记数

同扇面式一指多张点钞法。

5. 合把

同扇面式一指多张点钞法。

6. 扎把

应注意的问题：

（1）两手持钞松紧要适度，使打开后每两张钞票之间的距离均匀，不重叠。

（2）钞票下端离左手掌心不要太近，以免钞票下端被卡住。左手轴心位置固定，钞票绕轴心均匀化开。

（3）开扇时两手协调动作，均匀用力。

（4）清点时，左手应随着点数的进度微向右转，以适应右手点数的位置。

165

第四节　机器点钞

机器点钞就是指用点钞机代替部分手工操作，其速度是手工点钞速度的 2 ~ 3 倍。机器点钞大大提高了工作效率并减轻了出纳人员的工作强度。

一、准备工作

1. 对点钞机进行调整和试验，力求转速均匀，点钞准确，下钞流畅，落钞整齐。

2. 把点钞机放于操作人员的正前方，接通电源，打开电源开关，使机器运转，并观察荧光数码显示是否为 "00"。

3. 把钞票和捆扎用的腰条摆放在合适的位置，钞票按大面额票券在前、小面额票券在后的顺序排列。

二、操作方法

首先，打开点钞机的电源开关和计数器开关；然后，取过钞票，左手握住钞票左半部，拇指在正前，其余四指在背面，掌心稍向下用力，使钞票向内出现弯度，顺势用左手将腰条从左侧拖出。右手横握钞票，将钞票捻成前低后高的坡形后横放在点钞板上，放时顺点钞板形成自然斜度，如果放钞方法不正确会影响点钞机的正常清点。钞票进入机器后，目光迅速跟住输钞带，检查是否有夹杂券、破损券、假钞或其他异物。钞票全部下到积钞台后，看清计数器显示数字是否与此把腰条所标的金额相符。无误后，以左手食指、中指将钞票取出。右手当即投入第二把，然后把钞券墩齐，进行扎把，眼睛仍看住机器跑道上钞券的票面。当扎完把左手把钞券放到机器左侧时，抹掉桌上第一把钞券的封条，按这样顺序进行。

机器点钞应注意的问题：

1. 送钞是机器点钞的关键。送钞时右手要平，送钞要稳，钞票放板位置角度应合适。

2. 提高机器点钞速度的关键在于提高动作的连续性。拆把、送钞、取钞、捆扎动作、衔接紧密、迅速、准确、快而不乱。

第五节　人民币真假票币的鉴别技术

学习鉴别真假人民币可以维护人民币的良好信誉，稳定货币流通的正常秩序，保护国家、人民群众的切身利益和经济建设的顺利进行。新中国成立以来，中国人民银行共发行了五套人民币。现行流通的第五套人民币是 1999 年 10 月开始发行的，在设计上将国际先进的计算机辅助钞票设计与我国传统手工绘制工艺有机结合，既保留了中国传统钞票的设计特点，又具有鲜明的时代特征。与前四套人民币相比，第五套人民币的防伪技术更加先进。我们这里只对第五套人民币的鉴别技术加以说明。第五套人民币共发行了 100 元、50 元、20 元、10 元、5 元、1 元六种面额纸币和 1 元、5 角、1 角三种面额硬币。

一、印刷工艺

（一）纸币

1. 胶印微缩文字

第五套人民币的六种纸币均印有胶印微缩文字，分别位于 100 元、50 元、10 元券和 5 元券的正面上方、20 元套的正面右侧和下方以及背面图案中，1 元券的胶印微缩文字位于背面下方。

2. 安全线

第五套人民币纸币除 1 元券外，均采用了安全线防伪技术。100 元券和

50 元券是磁性微缩文字安全线；20 元券是明暗相间的安全线；10 元券和 5 元券是全息磁性开窗安全线。

3. 隐形面额数字

第五套人民币的六种纸币的正面右上方装饰图案中均印有隐形面额数字。面对光源，将钞票置于与眼睛接近平行的位置，做 45 度或 90 度旋转，可以分别看到 "100" "50" "20" "10" "5" "1" 字样。

4. 雕刻凹版印刷

第五套人民币的六种纸币的毛泽东头像、中国人民银行行名、面额数字、盲文标记等处，采用了雕刻凹版印刷技术。其特点是：图文线条精细、层次丰富、立体感很强，用手触摸有明显的凹凸感。

5. 阴阳互补对印

第五套人民币 100 元券、50 元券和 10 元券中采用了阴阳互补对印技术。在这三种券别的正面左下方和背面右下方都印有一个圆形局部图案。迎光透视，两幅图案准确对接，组合成完整的古钱币图案。

6. 光变油墨面额数字

第五套人民币 100 元券和 50 元券的正面左下方的面额数字采用了光变油墨印刷。将垂直观察的票面倾斜到一定角度时，100 元券的面额数字由绿色变为蓝色；50 元券的面额数字则由金色变为绿色。

7. 水印

第五套人民币的六种纸币均采用了固定水印。100 元券和 50 元券的水印图案均为毛泽东头像；20 元券为荷花；10 元券和 5 元券采用了图案和数字双水印，其中，10 元券为月季花和数字 "10"，5 元券为水仙花和数字 "5"；1 元券为兰花水印。

8. 红蓝彩色纤维

第五套人民币除 1 元券外，其他五种纸币的纸张中均含有不规则分布的红色和蓝色纤维丝。

9. 横竖双号码

第五套人民币 100 元券、50 元券的正面印有横竖双号码，100 元券的横号码为黑色，竖号码为蓝色；50 元券的横号码为黑色，竖号码为红色。

10. 双色横号码

第五套人民币 20 元券、10 元券、5 元券、1 元券的正面均印有双色横号码，号码的左半部分为红色、右半部分为黑色。

（二）硬币

1. 1 元

第五套人民币 1 元硬币色泽为镍白色，直径为 25 毫米，正面为 "中国人民银行" "1 元" 和汉语拼音字母 "YIYUAN" 及年号，背面为菊花图案及中

167

国人民银行的汉语拼音字母"ZHONGGUO RENMIN YINHANG"。材质为钢芯镀镍，币外缘为圆柱面，并印有"RMB"字符标记。

2. 5角

第五套人民币5角硬币色泽为金黄色，直径20.5毫米，正面为"中国人民银行""5角"和汉语拼音字母"WUJIAO"及年号，背面为荷花图案及中国人民银行的汉语拼音字母"ZHONGGUO RENMIN YINHANG"。材质为钢芯镀铜合金，币外缘为圆柱面，并印有间断丝齿，共有六个丝齿段，每个丝齿段有八个齿距相等的丝齿。

3. 1角

第五套人民币1角硬币色泽为铝白色，直径为19毫米，正面为"中国人民银行""1角"和汉语拼音字母"YIJIAO"及年号，背面为兰花图案及中国人民银行的汉语拼音字母"ZHONGGUO RENMIN YINHANG"。材质为铝合金，币外缘为圆柱面。

二、人民币假币的类型与特征

随着现代科学技术的发展，伪、变造货币的种类也不断增多。目前国内发现的伪、变造人民币，大致可以分为以下几种：

（一）伪造币

伪造币是指仿造真币原样，利用各种手段非法重新仿制的各类假票币。按其伪造手段和方法有以下几种类型与特征：

1. 手工描绘或手工刻版印刷的假币。这是一种手段落后、质量低劣的假币，是用手工雕刻塑料、木头制版进行印刷，造出来的假币质量非常低劣。它的特征是：伪造手段落后，制版材料低劣，纸张是市场上常见的书写纸和普通的胶版纸，颜料是市场出售的绘画颜料，因而造出来的假币质量很差，比较容易识别。

2. 利用一般办公工具伪造的假币。这类假币最常见的就是利用黑白复印机、彩色复印机复印的。其主要特征是：线条一般不光洁整齐，用眼睛特别是用放大镜观察会发现有毛边，而且空白的位置有少量的墨粉。一些高质量的复印机，复印出来的伪品上了颜色后与真品比较相似，具有一定的欺骗性。这类假币与真币的主要特征比较区别是明显的，复印机所用的墨粉与印钞厂所运用的印刷机的油墨是完全不同的，因为复印机是利用静电原理通过感光后将墨粉拷印在一定位置上，因而所复制出来的产品的差别也是明显的。其次，由于复印机采用固体粉墨通过烘烤融化形成的线条不很光洁整齐，而印刷出来的线条很光洁整齐，颜色很均匀。即使复印的质量较高，肉眼看到线条比较清楚，但在空白处也能观察出有少量的墨粉。掌握这些特点后就能比较准确地识别复印的假币。

3. 使用小型的印刷设备制造的假币。这类假币主要通过照相制版，采用凸印办法，其质量比较精制。较之手工描绘有更大的欺骗性。但由于其设备比较落后，印刷制版的条件和所采用的原材料都受到一定的限制，较之真币还是很低劣的。

4. 机制假币。所谓机制假币，就是利用现代化的制版印刷设备伪造的货币。此类假币比较逼真，版别也较多，但同其他假币一样存在一个共同的特点：不是采用人民币的制作材料和工艺，这就是它与真币的差别。只要我们掌握了这种差别就不难识别这类假币。如这类假币的"水印"大多是印上去的，不用透光就可以看见。其纸张在紫光灯下会发出荧光，其线条多为网点结构。它们的主要特征是：

第一，采用的是普通胶版纸。在紫光灯下有明显的荧光，票面上的水印是采用浅色油墨在背面印上的，这和真票的区别较为明显。特别是在紫光灯下观察时，就会发现这种浅油墨印上去的水印发暗，和纸张本身的荧光相对比就显得发黑。

第二，采用照相分色或电子分色制版四色胶印套印而成。这类假币数量最多，伪造水平较高，危险性最大。其最大的特征是：人物图景及花卉图案是网点结构，画面由许多小点构成。它的颜色是由黄、红、蓝、黑套印而成，而人民币印刷则是票面上是什么颜色就用什么颜色的油墨印制。所以，人民币的色彩图案都是线状结构。其次，水印系在两层纸之间粘上糊状物，用模具压印水印头像后粘贴而成，水印部分纸质较厚。其三，安全线系在二层纸中，夹上塑料线后压印而成，因裁切不齐而漏有线头。另外，假币号码重复印制较多。

5. 利用化学药品复印的假币。通常称它为拓印币。其特征是：油墨少而淡，图案释得清秀，像是水洗过似的，对常人具有一定的欺骗性。

（二）变造币

变造币是指在真币的基础上或以真币为基本材料，通过挖补、剪接、涂改、揭层等办法加工处理，使原币改变数量、形态，以此实现升值的假货币。其主要特征是：票面不完整，揭页券则无正面或背面，挖补券是表示券别数字和文字被变造。

三、鉴别真假人民币的一般方法

鉴别人民币纸币的真伪，通常采用"一看、二摸、三听、四测"的方法。下面以第五套人民币纸币为例。

一看：

眼看：用眼睛仔细地观察票面外观颜色、白水印（2005 版）、固定人像水印、安全线、胶印缩微文字、红蓝彩色纤维（1999 版）、隐形面额数字、光变油墨面额数字、阴阳互补对印图案、横竖双号码（1999版）等。人民币的图案颜色协调，图案、人物层次丰富，富有立体感，人物形象表情传神，色彩柔和亮丽；票面中的水印立体感强，层次分明，灰度清晰；安全线牢固地与纸粘和在一起，并有特殊的防伪标记；阴阳互补对印图案完整、准确；各种线条粗细均匀，直线、斜线、波纹线明晰、光洁。

1. 看水印：各券别纸币的固定水印位于票面正面左侧的空白处，迎光透视，可以看到立体感很强的水印。100元、50元纸币的固定水印为毛泽东头像图案。20元、10元、5元纸币的固定水印分别为荷花、月季花和水仙花图案。

2. 看安全线：在各券别票面正面中间偏左，均有一条安全线。100元、50元纸币的安全线，迎光透视，分别可以看到缩微文字"RMB100""RMB50"微小文字，仪器检测均有磁性；20元纸币，迎光透视，是一条明暗相间的安全线；10元、5元纸币安全线为全息磁性开窗式安全线，即安全线局部埋入纸张中，局部裸露在纸面上，开窗部分分别可以看到由缩微字符"￥10""￥5"组成的全息图案，仪器检测有磁性。

3. 看光变油墨：100元券和50元券正面左下方的面额数字采用光变油墨印刷。将垂直观察的票面倾斜到一定角度时，100元券的面额数字会由绿色变为蓝色；50元券的面额数字则会由金色变为绿色。

4. 看票面图案是否清晰，色彩是否鲜艳，对接图案是否可以对接上。

纸币的阴阳互补对印图案应用于100元券、50元券和10元券中。这三种券别的正面左下方和背面右下方印有一个圆形局部图案。迎光透视，两幅图案准确对接，组合成一个完整的古钱币图案。

5. 用5倍以上放大镜观察票面，看图案线条、缩微文字是否清晰干净。

在纸币各券别票面图案中，印有缩微文字。100元缩微文字为"RMB"和"RMB 100"；50元缩微文字为"50"和"RMB 50"；20元缩微文字为"RMB 20"；10元缩微文字为"RMB 10"；5元缩微文字为"RMB 5"字样。

二摸：

1. 摸人像、盲文点、中国人民银行行名等处是否有凹凸感。

第五套人民币纸币各券别正面主景均为毛泽东头像，采用手工雕刻凹版印刷工艺，形象逼真、传神，凹凸感强，易于识别。

2. 摸纸币是否薄厚适中，挺括度好。

三听：

通过抖动钞票使其发出声响，根据声音来分辨人民币的真伪。人民币是用专用特制纸张印制而成的，具有挺括、耐折、不易撕裂等特点。手持钞票用力抖动、手指轻弹或两手一张一弛轻轻地对称拉动，能听到清脆响亮的声音。

四测：

借助一些简单工具和专用仪器来分辨人民币真伪。如借助放大镜可以观察票面线条清晰度，胶、凹印缩微文字等；用紫外灯光照射钞票，可以观察钞票纸张和油墨有无荧光反应；用磁性检测仪可以检测黑色横号码的磁性。

鉴定票币的真伪必须在熟悉真币的特征和主要防伪技术的前提下进行。在此附上第五套人民币防伪特征图案，以便读者更直观地识别真伪。

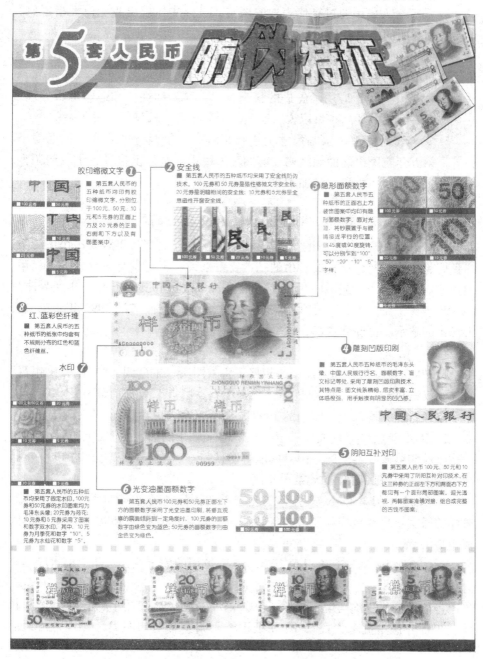

四、第五套人民币与前四套人民币相比所具有的主要特点

1. 第五套人民币是由中国人民银行首次完全独立设计与印制的货币，这说明我国货币的设计印制体系已经成熟，完全有能力在银行系统内完成国币的设计、印制任务，且此套新版人民币经过专家论证，其印制技术已达到了国际先进水平。

2. 第五套人民币通过有代表性的图案，进一步体现出我们伟大祖国悠久的历史和壮丽的山河，具有鲜明的民族性。

3. 第五套人民币的主景人物、水印、面额数字均较以前放大，尤其是突出了阿拉伯数字表示的面额，这样便于群众识别。

4. 第五套人民币应用了先进的科学技术，在防伪性能和适应货币处理现代化方面有了较大提高，可以说，这是一套科技含量较高的人民币。

5. 第五套人民币在票幅尺寸上进行了调整，票幅宽度未变，长度缩小。另外，第五套人民币的面额结构在前四套人民币的基础上也进行了一些调整，取消了 2 元券和 2 角券，增加了 20 元券。

五、第五套人民币 2005 年版与 1999 年版的异同点

2005 年 8 月 31 日发行的第五套人民币，保持了 1999 年版人民币主图案、主色调、规格不变，从构成货币的基本要素来说，不是发行一套新的人民币。但由于在印制生产工艺、防伪措施方面进行了改进和提高，并将年版号改为"2005 年"，因而 2005 年版第五套人民币，是对现行流通的 1999 年版第五套人民币的继承、创新和提高。

（一）相同点

1. 2005 年版第五套人民币的规格、主景图案、主色调、"中国人民银行"行名和汉语拼音行名、面额数字、花卉图案、国徽、盲文面额标记、民族文字等票面特征，均与现行流通的 1999 年版第五套人民币相同。

2. 2005 年版第五套人民币 100 元、50 元纸币的固定人像水印、手工雕刻头像、胶印缩微文字、雕刻凹版印刷等防伪特征，均与现行流通的 1999 年版第五套人民币 100 元、50 元纸币相同。

3. 2005 年版第五套人民币 20 元纸币的固定花卉水印、手工雕刻头像、胶印缩微文字、双色横号码等防伪特征，均与现行流通的 1999 年版第五套人民币 20 元纸币相同。

4. 2005 年版第五套人民币 10 元、5 元纸币的固定花卉水印、白水印、全息磁性开窗安全线、手工雕刻头像、胶印缩微文字、雕刻凹版印刷、双色横号码等防伪特征，均与现行流通的 1999 年版第五套人民币 10 元、5 元纸币相同。2005 年版第五套人民币 10 元纸币的阴阳互补对印图案，与现行流通的

1999 年版第五套人民币 10 元纸币相同。

（二）不同点

1. 调整了防伪特征布局：

2005 年版第五套人民币 100 元、50 元纸币正面左下角胶印对印图案调整到主景图案左侧中间处，光变油墨面额数字左移至原胶印对印图案处，背面右下角胶印对印图案调整到主景图案右侧中间处。

2. 调整了防伪特征：

（1）隐形面额数字：调整了 2005 年版第五套人民币各券别纸币的隐形面额数字观察角度。2005 年版第五套人民币各券别纸币正面右上方有一装饰性图案，将票面置于与眼睛接近平行的位置，面对光源做上下倾斜晃动，分别可以看到面额数字字样。

（2）全息磁性开窗安全线：2005 年版第五套人民币 100 元、50 元、20 元纸币将原磁性缩微文字安全线改为全息磁性开窗安全线。2005 年版第五套人民币 100 元、50 元纸币背面中间偏右，有一条开窗安全线，开窗部分分别可以看到由缩微字符"￥100""￥50"组成的全息图案。2005 年版第五套人民币 20 元纸币正面中间偏左，有一条开窗安全线，开窗部分可以看到由缩微字符"￥20"组成的全息图案。

（3）双色异形横号码：2005 年版第五套人民币 100 元、50 元纸币将原横竖双号码改为双色异形横号码。正面左下角印有双色异形横号码，左侧部分为暗红色，右侧部分为黑色。字符由中间向左右两边逐渐变小。

（4）雕刻凹版印刷：2005 年版第五套人民币 20 元纸币的背面主景图案桂林山水、面额数字、汉语拼音行名、民族文字、年号、行长章等均采用雕刻凹版印刷，用手触摸，有明显凹凸感。

3. 增加了防伪特征：

（1）白水印：2005 年版第五套人民币 100 元、50 元纸币位于正面双色异形横号码下方，2005 年版第五套人民币 20 元纸币位于正面双色横号码下方，迎光透视，可以看到透光性很强的水印面额数字字样。

（2）凹印手感线：2005 年版第五套人民币各券别纸币的正面主景图案右侧，有一组自上而下规则排列的线纹，采用雕刻凹版印刷工艺印制，用手指触摸，有极强的凹凸感。

（3）阴阳互补对印图案：2005 年版第五套人民币 20 元纸币的正面左下角和背面右下角均有一圆形局部图案，迎光透视，可以看到正背面的局部图案合并为一个完整的古钱币图案。

4. 2005 年版第五套人民币各券别纸币的背面主景图案下方的面额数字后面，增加了人民币单位的汉语拼音"YUAN"；年号改为"2005 年"。第五套人民币 1 角硬币材质由铝合金改为不锈钢。

5. 2005 年版第五套人民币取消了各券别纸币纸张中的红蓝彩色纤维。

六、发现假币如何处理

1. 单位和个人发现假币应如何处理？

单位和个人发现假币后应上缴中国人民银行或办理人民币存、取款业务的金融机构。如果发现他人持有少量假币，应劝其向上述机构上缴。如果发现他人持有较多假币或有参与制贩假币嫌疑的，应当立即向公安机关报告。

2. 哪些部门可以没收假币？

中国人民银行、公安机关和经中国人民银行授权的工、农、中、建四家国有独资商业银行的业务机构都具有没收假币的权力。

3. 哪些机构可以收缴假币？

根据《中华人民共和国人民币管理条例》规定，凡是办理人民币存、取款业务的金融机构都可以收缴假币。

4. 金融机构在办理存、取款业务时发现假币该如何处理？

金融机构在办理业务时发现假币，由该金融机构两名以上业务人员当面予以收缴。对假人民币纸币，应当面加盖"假币"字样的戳记；收缴假币的金融机构向持有人出具中国人民银行统一印制的《假币收缴凭证》，并告知持有人如对被收缴的货币真伪有异议，可向中国人民银行当地分支机构或中国人民银行授权的当地鉴定机构申请鉴定。收缴的假币，不得再交予持有人。

5. 假币持有人如果对收缴假币有异议怎么办？

假币持有人对被收缴货币的真伪有异议，可以自收缴之日起 3 个工作日内，持《假币收缴凭证》直接或通过收缴单位向中国人民银行当地分支机构或中国人民银行授权的当地鉴定机构提出书面鉴定申请。

中国人民银行分支机构和中国人民银行授权的鉴定机构应当无偿提供鉴定货币真伪的服务，鉴定后应出具中国人民银行统一印制的《货币真伪鉴定书》，并加盖货币鉴定专用章和鉴定人的名章。

附录一
中国珠算大事记

为了使广大读者了解珠算的发展，弘扬珠算这一中华民族的宝贵文化遗产，发展我国的珠算事业，现将新中国成立以来有关珠算的重大事件和主要著作作为中国珠算大事记简介如下，以供读者学习参考。

年代（公元）	重大事件或著作	编著者	内容简介
1949 年	"方筹"		它是直条式的倍数表，由北京李本一设计。同时南京尹漱石也设计了"方筹"。
1950 年	二梁算盘		该算盘由上海邓伯贤设计，后更名为"邓加算盘"。
1952 年	天珠算盘		该算盘是两梁七珠算盘，计天珠一粒，上珠一粒，下珠五粒，共计七粒。天珠除代表十数外，还可作定位珠使用。其设计者有张匡、葛汝宾、姚文海等。
1953 年	《大众速成珠算》	华印椿	此书附有"珠筹合算"方法。
1953 年	《速成珠算法》	余介石	余介石教授为近代珠算研究家。一生研究珠算，1953 年，为适应农业合作化需要编著此书，推广甚多。
1957 年	建议成立珠算学研究机构		6 月 26 日，北京《文汇报》登载了老珠算家邓伯贤关于《建议成立珠算学研究机构》一文。
1959 年	提出三算结合		《江西教育》第九期刊登宜春小关于"口算、笔算、珠算"三算结合的文章。
1963 年	建立"欠一法"和"借商法"理论		余介石完成了"过大商"（又名"高商"）商除法研究的原理，从此在我国珠算界建立了"欠一法"和"借商法"的理论。
1964 年	建议珠算教改		春季，上海地区珠算界召开第二次教改座谈会。年底，余介石首次上书教育部，建议珠算教改，列名者 16 人，内有华印椿先生。

年代（公元）	重大事件或著作	编著者	内容简介
1965 年	《珠算教学研究通讯》	余介石	余介石等 30 人再次上书教育部，建议珠算教改和成立珠算研究机构及出版期刊。同年编印《珠算教学研究通讯》（油印）。这是我国第一份珠算专刊。
1966 年	珠算及辅助工具座谈会		11 月中旬，中国数学界人士召集珠算及辅助器（工具）座谈会，向有关部门提出今后进行珠算工作的意见。
1969 年	始创"三算结合"		上海崇明新河公社"五七"干校始创"三算结合"，后推广到全国。
1972 年	周总理关于算盘的重要指示		10 月 14 日，周总理接见李政道博士时说："要告诉下面，不要把算盘丢掉，猴子吃桃子最危险。"
1977 年	第一个业余珠算研究小组		6 月 26 日，四川省宁县食品公司系统成立了我国第一个业余珠算研究小组，由蒋畅行同志发起建立。
1977 年	邓小平同志关心我国珠算事业的发展		1977 年，我国珠算界一些有识之士上书党中央请求加强对珠算事业的领导，建议成立组织，9 月得到邓小平同志批示"不要把算盘丢掉，交科学院、财政部研办"。
1979 年	中国珠算协会成立		2 月，中国珠算协会筹备会在北京召开。10 月 31 日—11 月 5 日，中国珠算协会在河北省秦皇岛市召开成立大会，出席代表及来宾 200 余人。姜明远当选为会长。现中国珠算协会已先后换届四次，现任会长朱希安。
1979 年	薄一波副总理为《珠算》杂志题词		题词为："算盘是我国的传统计算工具，一千多年以来在金融贸易和人民生活等方面起了重要作用。用算盘和用电子计算机并不矛盾，现在还应充分发挥算盘的功能，为我国经济建设事业服务。"
1980 年	中国珠算协会首次出访日本		8 月 1 日—16 日，中国珠算协会友好访问团首次出访日本。8 月 10 日，中国、日本、美国、巴西等国家珠算代表团，举行国际珠算教育者会议，并发表宣言。
1981 年	首届全国珠算技术比赛		9 月 12 日—15 日，首届全国珠算技术比赛大会在山东省济南市举行，会议共有来自全国 29 个省、市、自治区的 286 名代表，进行了加、减、乘、除、账表、传票等项目比赛。现已成功地举行了四届全国大赛。

年代(公元)	重大事件或著作	编著者	内容简介
1981 年	首届中国珠算史讨论会		11 月 4 日—8 日，此次会议在陕西省西安市户县召开，到会代表 33 人，收到论文 18 篇。日本珠算史研究会长铃木久男教授作了学术报告，肯定珠算盘是中国宋代以前创造发明的，修改了自己以前的研究结论。该会议现已举办了多次。
1982 年	陈宝定算盘资料展览		2 月 12 日，上海市嘉定区珠算协会在上海古猗园举办珠算（盘）资料及实物展览，到会 180 余人，展出陈宝定收藏算盘 130 种，各种算具 31 件以及其他多种图书资料。
1982 年	"算盘迷"电视节目		12 月 8 日，上海电视台五频道播放了"算盘迷"电视节目计 20 分钟，对普及珠算起到了宣传作用。
1983 年	关于珠算的人代会提案		江苏省金逊副省长在五届全国人大五次会议上慎重提出一个"请把珠算列入小学、初中必修课程"的提案，被列入 2021 号提案，并交国务院研究办理。
1983 年	华罗庚曾是珠算能手		4 月 5 日出版的《珠算》杂志第 2 期刊登文章介绍，华罗庚教授青年时代（1925 年）曾求学于上海中华职业学校，在几次珠算考试和比赛中，连连夺魁，成为全校著名的珠算能手。
1985 年	财政部批复试行《全国珠算技术等级鉴定标准》		9 月 17 日，财政部批复试行《全国珠算技术等级鉴定标准的通知》〔85 财会字第 60 号文件〕，同意将该标准作为考核会计人员珠算技术水平的试行标准。
1986 年	组织世界珠算协会		中、日、美等国有关人士倡议组织世界珠算协会，受到重视珠算的国家和地区的积极响应。次年 3 月，三国珠算组织的友好协议书正式签字。
1987 年	《中国珠算史稿》	华印椿	此书是我国第一部珠算史专著，从开始写作到最后著成前后用了 14 年，对我国珠算史做了系统的论述。
1987 年	上一下五菱珠算盘		此算盘是在福建省漳浦县陀乡埔村明代卢维祯墓中发现的，它是一架完整的木质算盘。它的发现证明了两件事：一是菱算盘是中国首创；二是中国明代确曾存在过梁上一珠的算盘。该发现震惊了中日珠算界。
1990 年	《中华珠算大辞典》	华印椿李培业	该书是我国第一部珠算辞书，全书共收集条目近两千条，插图上千幅。涉及珠算基础知识、算史、算理、算法等 11 个门类。

年代(公元)	重大事件或著作	编著者	内容简介
1990 年	《中国珠算大全》	余宁旺	该书是一部涉及内容比较完整的珠算辞书，图文并茂，发行量大。由近代著名珠算家余介石教授之子余宁旺教授主编。
1991 年	首届全国珠算科技知识大赛		9 月，首届全国珠算科技知识大赛决赛颁奖大会在北京举行，国务委员、财政部长王丙乾为大会题词，中国科技协会会长朱光亚出席。
1991 年	海峡两岸珠算优秀选手比赛		7 月 5 日，在北京举办海峡两岸首届珠算学术交流会暨少年珠算观摩赛，并决定从 1991 年起，每年由海峡两岸选派优秀选手参加，现已举办多次。
1991 年	程大位故居——珠算资料馆开馆		11 月 8 日，开馆仪式在安徽屯溪程大位故居小广场举行。中国珠算协会、安徽省珠算协会、安徽省文物局、黄山市领导及全国各界珠算专家出席了开馆仪式。
1993 年	珠算式心算经验交流会		5 月 22 日—25 日，全国珠算式心算教育经验交流会在西安临潼召开。到会代表 80 余人，19 个省、市、自治区提供了交流材料。
1993 年	国华珠算博物馆开馆		该馆设在浙江省临海市开发区，由雷国华同志创建，展出展品二千多件，是我国目前最大的珠算博物馆。
1994 年	全国珠心算成绩新纪录		5 月 11 日，中珠协会公布珠算式心算新的全国纪录：个人全能 2,827 分，加减单项 671 分，乘算单项 486 分，除算单项 716 分，账表算单项 625 分，传票算单项 435 分。并决定在今后竞赛中设破纪录奖。
1994 年	八集电视剧《算圣》		该剧由山东珠算协会、蒙阴县委、山东影视制作中心共同摄制。为研究珠算历史提供了活的素材，并对当前反腐倡廉斗争有启示作用，得到全球珠算界的赞扬。
1996 年	首届世界珠算大会		该会在山东潍坊召开，是珠算史上具有划时代意义的壮举。参加会议的有中国、日本等 11 个国家和地区，交流论文 30 余篇，专家就珠算地位、发展战略、珠算教育功能的理论与实践、珠心算技术的推广与普及进行了深入的研讨，取得了丰硕成果。
1996 年	《世界珠算通典》	李培业 铃木久男	该书是当今世界上最大型的一部珠算工具书。全书近 170 万字，收录条目二千余条。该书内容广泛，包括珠算史、珠算基础知识、算理算法、珠算大事记等。荣获亚太地区出版金奖。

计算与点钞技能

年代(公元)	重大事件或著作	编著者	内容简介
1997 年	李岚清副总理考察珠心算		4 月，李岚清副总理到山东招远市北关小学视察珠算式心算教学，给予了充分肯定，中央、省、市电视台均作了专题报道，在全国引起巨大反响。珠算式心算教学已作为开发儿童智力、改革教学方式、搞好素质教育的一项重要活动。
1998 年	朱镕基总理关心珠心算发展		11 月，朱总理视察大连市观看庄河小学珠心算表演时高度赞扬说了"了不起，了不起"，充分肯定了珠心算的发展。
1999 年	江泽民总书记关心珠心算发展		8 月，江总书记在大连星海会展中心观看庄河小学珠心算表演时高度赞扬说了"了不起，了不起，我佩服你们"，充分肯定了珠心算的发展。
1999 年	《古今珠算法的评价和优选》	丛吉滋 郭启庶	该书运用有关科技成果，对各种珠算法进行了深入分析研究，科学地进行了评价比较，并对照论述了珠算法的独特优点，把对珠算、珠心算的优越性和不可替代性的认识提高到了理性的高度。
1999 年	《当代中国珠算》	朱希安 叶宗羲	该书由中国珠算协会和我国台湾地区有关珠算组织，组织双方珠算专家、学者共同编写。通过回顾当代中国珠算走过的历程，展望今后的发展前景。从理论上和中西数学的结合上，对当代中国珠算作了一个全面系统的论述。

附录二
全国珠算技术等级鉴定模拟题

一、珠算鉴定题的类型与级别的确定

全国珠算技术等级标准分为两大类十二级，即能手级类六级和普通级类六级。

能手级定为一套题。按完成正确题数分别确定六个级别。其确定标准如下：

加减题正确 8 题，乘、除题各正确 10 题，达能手六级；

加减题正确 10 题，乘、除题各正确 11 题，达能手五级；

加减、乘、除题各正确 12 题，达能手四级；

加减、乘、除题各正确 14 题，达能手三级；

加减、乘、除题各正确 16 题，达能手二级；

加减、乘、除题各正确 18 题，达能手一级；

普通级的鉴定题有两种方法：一种方法是六套题分别鉴定六个级别；另一种方法是两套题鉴定六个级别，即普通一级的试题鉴定 1—3 级，普通 4 级题的试题鉴定 4—6 级。均按答题的正确题数来确定达到的级别，其确定标准如下：

采用普通一级试题鉴定 1—3 级时：

加减、乘、除题各正确 9 题为普一级；

加减、乘、除题各正确 8 题为普二级；

加减、乘、除题各正确 6 题为普三级。

采用普通四级题鉴定 4—6 级时：

加减、乘、除题各正确 8 题为普四级；

加减、乘、除题各正确 7 题为普五级；

加减、乘、除题各正确 6 题为普六级。

采用二套题鉴定六个等级的方法，既不降低题量和准确率，又方便参加

定级人员定级，有利于调动报考人员的积极性。

二、鉴定时应注意的事项

1. 按顺序运算，不能跳题。若跳题则只计算跳题前的题，跳题后的题无效。

2. 不用红笔和铅笔书写答案。小数点和分节号要有明显区别。小数点点错，全题算错。

3. 乘、除算的答案，能手级精确到 0.000,1，普通级精确到 0.01。书写有错误要用"划线订正法"订正。

4. 考生不准带电子计算器。主考人发出"开始!"口令后方可拨珠算题。在结束前 10 秒钟，主考人发出口令：10、9…2、停时并喊"考生全体起立"，这时考生应立即退出考场。任何人不得以任何理由带走考卷。

5. 考生要单人单座，隔开一定距离，便于运算和保持考试的严肃性。

全国珠算技术等级鉴定普通 4—6 级模拟题（1）

初评____复核____

加减对____乘对____除对____达到等级____

说明：全卷 30 题，限时 20 分钟。加减算、乘算、除算各对 6 题为六级；各对 7 题为五级；各对 8 题为四级。不准跳题。乱写答数视为跳题。

一、加减算

一	二	三	四	五
819	1,703	763,298	1,536	9,734
9,307	451,789	7,351	−607	−789
961	76,934	758	24,706	694,817
4,103	659	6,123	−5,917	7,392
65,428	8,039	164	306,581	860
1,832	504	9,064	243	8,234
947	2,431	352,084	9,518	−51,936
746,092	218	453	−791	7,852
825	914,682	4,879	3,756	−601
8,753	708	860	429	410,792
58,062	2,601	29,041	−78,204	125
374,651	568	610	425	−4,035
906	2,953	9,352	428,390	286
4,753	35,720	71,208	−860	−61,450
210	674	597	8,931	305

六	七	八	九	十
6,390	74,081	8,197	829	37,802
83,659	570	71,923	3,501	769
109	12,638	-482	519,874	1,854
215,403	402	2,465	183	-150
620	4,897	310	8,650	2,190
1,367	854	7,356	496	-134
468	3,927	15,734	7,935	8,279
3,518	564	-706	760	518,793
478	3,917	548,679	3,927	-162
9,508	697,108	-3,209	70,521	4,592
76,824	8,362	124	431	820,643
590,417	230,461	-298,103	60,324	-35,067
293	950	850	9,648	704
4,712	2,596	-6,485	281,056	-6,834
752	351	906	724	965

二、乘算要求保留两位小数，以下四舍五入

三、除算要求保留两位小数，以下四舍五入

一	$965 \times 173 =$	一	$9,338 \div 203 =$
二	$108 \times 294 =$	二	$22,232 \div 794 =$
三	$3,928 \times 52 =$	三	$32,62,152 \div 8.72 =$
四	$4,176 \times 24 =$	四	$7,168 \div 512 =$
五	$95 \times 7,043 =$	五	$27,090 \div 86 =$
六	$0.520,7 \times 60.5 =$	六	$698,472 \div 801 =$
七	$34 \times 9,183 =$	七	$102,120 \div 345 =$
八	$7,014 \times 86 =$	八	$34,103 \div 67 =$
九	$86.4 \times 0.159,8 =$	九	$942.435,32 \div 96.4 =$
十	$32 \times 2,067 =$	十	$11,895 \div 39 =$

计算与点钞技能

全国珠算技术等级鉴定普通4—6级模拟题（2）

初评____复核____

加减对____乘对____除对____达到等级____

说明：全卷30题，限时20分钟。加减算、乘算、除算各对6题为六级；各对7题为五级；各对8题为四级。不准跳题。乱写答数视为跳题。

一、加减算

一	二	三	四	五
256,748	705,683	172	5,610	6,590
4,158	683	260,718	−829	−905
693	47,982	894	6,731	4,029
965,142	568,792	5,478	230,495	−105
39,164	610	137	921	143,729
175	2,473	7,942	−48,029	801
5,032	124	42,356	763,495	−48,631
873	3,420	6,041	−498	471
5,904	937	560	1,267	−5,897
239	90,537	30,192	985	268,493
7,023	6,508	539	−86,017	527
781	129	5,980	305	−1,563
62,048	6,149	983,162	4,317	830
170	105	485	832	32,674
6,980	8,451	7,603	−5,640	7,286

六	七	八	九	十
705	136	546	610	5,342
79,864	7,930	9,806	6,092	370,958
7,384	284	459	28,547	−138
209	1,856	628,143	205	6,734
9,785	109	−2,589	7,298	−50,687
396	8,472	201	610	418
468,512	32,741	8,740	1,043	8,516
640	986	−56,139	379	−890
3,082	6,294	2,073	924,375	9,704
842,563	82,615	−401	496	−705
13,069	7,035	613,789	1,894	236,951
712	297	−357	68,253	7,624
3,915	485,610	74,620	501	642
107	305	−1,735	831,674	−93,012
5,412	570,943	289	5,738	921

183

二、乘算要求保留两位小数，以下四舍五入

三、除算要求保留两位小数，以下四舍五入

一	$0.34 \times 14.37 =$	一	$118,888 \div 308 =$
二	$91 \times 8,569 =$	二	$15.731,1 \div 2.1 =$
三	$386 \times 952 =$	三	$73,402 \div 749 =$
四	$2,057 \times 304 =$	四	$568,062 \div 906 =$
五	$79 \times 7,082 =$	五	$36,992 \div 578 =$
六	$2,806 \times 19 =$	六	$33,085 \div 65 =$
七	$1,058 \times 16 =$	七	$11,826 \div 27 =$
八	$275 \times 364 =$	八	$135,457 \div 259 =$
九	$3.42 \times 90.82 =$	九	$5.081,49 \div 43.1 =$
十	$9.146 \times 57 =$	十	$51,681 \div 483 =$

全国珠算技术等级鉴定普通 1—3 级模拟题（1）

初评____复核____

加减对____乘对____除对____达到等级____

说明：全卷30题，限时20分钟。加减算、乘算、除算各对6题为三级；各对8题为二级；各对9题为一级。不准跳题。乱写答数视为跳题。

一、加减算

一	二	三	四	五
729,813.40	91.43	30.84	629,571.03	607.95
519.43	705.43	87,460.13	24.89	176,309.54
59.31	50.89	539.62	485.63	70.32
607.45	5,601.78	93,257.68	−70,846.95	−4,526.19
237,146.90	291,375.80	19.82	378,064.91	863,247.15
97.86	2,341.86	735,129.06	−36,907.42	7,526.80
167,804.32	60,341.79	842.90	2,865.07	605,781.49
42,790.38	876.25	40,571.36	12.40	286.01
60.82	346,297.05	14.26	572.18	−90,748.36
569.74	10,694.27	270,853.41	94.10	93.14
2,587.31	891,653.20	5,082.97	−9,723.15	−210.75
31,965.48	1,827.34	691,074.83	53,074.81	53,672.89
2,708.65	467.25	4,179.25	−423.65	−5,381.42
85,013.42	80.95	573.61	8,931.62	34,910.82
5,690.21	93,284.16	4,086.59	−156,089.37	−98.43

六	七	八	九	十
5, 106, 892	85, 407, 621	18, 065	43, 182, 759	2, 501
69, 347, 281	1, 368	5, 640, 271	984, 263	15, 983, 264
305, 472	1, 460, 597	− 7, 203	− 20, 178	9, 087
54, 139	79, 250, 148	90, 475, 182	6, 705	40, 675
8, 670	6, 932	784, 302	− 19, 730, 542	368, 492
81, 360	281, 634	− 46, 093, 721	65, 279	3, 709
86, 057, 392	37, 906	8, 219, 075	1, 430, 825	12, 679
213, 894	2, 859	− 314, 596	6, 037	8, 527, 649
5, 497, 018	342, 106	6, 839	− 3, 824, 795	927, 153
927, 086	27, 913	− 56, 941	143, 269	2, 103, 685
5, 019	4, 837, 105	7, 906	− 3, 651	15, 823, 604
72, 654	957, 482	85, 316, 427	85, 079, 641	9, 832, 074
4, 357, 162	4, 517, 890	23, 098	− 79, 048	671, 048
8, 347	30, 564	− 137, 845	6, 402, 918	78, 601, 435
16, 043, 529	56, 829, 073	3, 285, 964	510, 863	54, 391

二、乘算要求保留两位小数，以下四舍五入

三、除算要求保留两位小数，以下四舍五入

一	501. 2 × 15. 96 =	一	1, 776, 192 ÷ 1, 856 =
二	302. 4 × 15. 49 =	二	29, 686, 140 ÷ 74, 965 =
三	8, 631 × 4, 081 =	三	4, 715, 984 ÷ 728 =
四	530. 4 × 960. 27 =	四	660. 211, 32 ÷ 93. 84 =
五	9, 208 × 5, 307 =	五	310. 108, 092 ÷ 52. 07 =
六	92, 164 × 2, 438 =	六	69, 600, 024 ÷ 732 =
七	9, 847 × 7, 309 =	七	535. 950, 2 ÷ 10. 3 =
八	5, 721. 6 × 56. 82 =	八	35, 225, 943 ÷ 409 =
九	679. 8 × 89. 43 =	九	692. 626, 8 ÷ 51. 6 =
十	5, 376 × 17, 862 =	十	51, 420, 624 ÷ 63, 248 =

全国珠算技术等级鉴定普通1—3级模拟题（2）

初评____复核____

加减对____乘对____除对____达到等级____

说明：全卷30题，限时20分钟。加减算、乘算、除算各对6题为三级；各对8题为二级；各对9题为一级。不准跳题。乱写答数视为跳题。

一、加减算

一	二	三	四	五
193. 08	32. 96	83, 257. 10	907. 21	451. 26
721, 098. 54	32. 96	150. 68	907. 21	451. 26
4, 089. 53	4, 720. 31	427, 395. 81	520, 367. 98	−78. 45
27, 169. 53	90, 756. 24	6, 253. 14	4, 516. 38	891, 372. 50
2, 619. 58	295, 184. 37	78, 602. 59	−459. 01	92, 480. 67
415. 70	397. 18	93. 02	6, 327. 54	−138. 76
61, 820. 73	1, 796. 82	2, 405. 89	724. 09	925, 073. 61
367, 259. 04	50. 69	31. 47	−9, 406. 87	37. 29
64. 08	452. 89	3, 781. 49	837, 614. 52	−1, 407. 56
460. 28	62. 18	819, 324. 60	35, 710. 82	58, 149. 03
86, 792. 34	78, 064. 35	90, 573. 64	−34. 16	1, 958. 40
1, 742. 53	859, 461. 30	704. 62	68. 49	91, 263. 85
51. 37	859, 461. 30	704. 62	68. 49	91, 263. 85
659, 378. 21	52, 640. 38	59. 26	−276, 531. 90	64. 82
94. 60	675, 234. 01	961. 78	31, 920. 58	−9, 062. 37
六	七	八	九	十
1, 739, 045	15, 794, 306	70, 195	5, 031	19, 538, 402
50, 829, 316	213, 794	135, 968	7, 512, 489	21, 456
291, 573	93, 164, 508	−3, 248	−38, 941	3, 841
3, 245, 186	4, 879	6, 803, 941	1, 508	6, 819, 720
7, 084	67, 250, 149	53, 062, 174	−96, 847	95, 630, 721
206, 573	7, 836, 420	−801, 932	29, 083, 546	8, 045
97, 261, 354	8, 245	4, 735, 680	570, 814	159, 046
80, 296	904, 165	−4, 937	69, 758, 034	45, 287, 960
1, 039	50, 298	27, 951	−382, 160	53, 207
89, 645	1, 436, 507	95, 317, 268	4, 673, 209	7, 983, 645
1, 974, 826	281, 573	2, 504	1, 792	50, 394
876, 035	38, 260	−1, 526, 740	−75, 632	7, 483, 162
48, 517, 302	8, 621	68, 749	5, 746, 012	236, 817
1, 407	20, 973	852, 061	936, 240	8, 907
68, 924	6, 571, 983	−43, 290, 786	−89, 372, 561	627, 193

二、乘算要求保留两位小数，以下四舍五入

三、除算要求保留两位小数，以下四舍五入

一	$83,062 \times 736.1 =$	一	$1,264.469,2 \div 20.6 =$
二	$9,801 \times 7,608 =$	二	$24,549,966 \div 43,298 =$
三	$86.05 \times 79.23 =$	三	$12,370,565 \div 307 =$
四	$3,578 \times 1,054 =$	四	$4,211,636 \div 5,174 =$
五	$73.92 \times 73.95 =$	五	$4,674,714 \div 726 =$
六	$9,504 \times 90,628 =$	六	$229.577,16 \div 96.38 =$
七	$3,247 \times 3,164 =$	七	$553.558,361 \div 9.71 =$
八	$631.75 \times 51.69 =$	八	$8,205,480 \div 345 =$
九	$24.16 \times 83.42 =$	九	$3,057.382,02 \div 508.2 =$
十	$1,924 \times 54,028 =$	十	$26,162,694 \div 45,186 =$

全国珠算技术等级鉴定能手级模拟题
加 减 算 （一）

限时 10 分钟

（一）	（二）	（三）	（四）	（五）
6,809.34	49,138,250.67	4,501.73	130,897.52	9,835,471.02
59,841,372.60	1,642,978.50	85,672.01	61,578,230.94	−470,682.15
93,456.82	95,613.48	2,349.58	−875,306.41	2,950.47
265,908.37	31,520.97	49,180.27	8,962,145.30	20,358,714.96
18,237.09	42,879.05	9,358,276.10	−2,103,879.56	−5,409,628.13
3,654.12	590,163.82	7,493.86	64,785,032.19	85,174.09
87,562,190.43	831,504.79	649,105.72	38,629,451.07	−79,862.31
418,273.05	5,426,789.03	1,583,762.04	4,789.25	37,621,590.84
730,546.21	9,631.24	210,934.68	57,603.49	583,147.06
65,910.73	74,318,052.96	52,946,810.37	−3,692,415.70	−49,826.35
9,814,327.06	624,897.01	91,538,726.40	43,987.65	6,309.78
7,465.81	7,316.28	17,394.56	−926,154.08	92,385,741.60
38,652,091.74	3,405.76	75,496,018.23	1,978.62	−3,261,095.48
5,481,732.90	10,462,798.35	385,627.09	−7,320.14	7,268.51
1,709,564.28	2,905,136.84	8,207,943.65	26,541.03	126,903.74

（六）	（七）	（八）	（九）	（十）
980, 532	1, 798	1, 053, 926	70, 584	3, 510, 278
56, 104	875, 203	461, 708	654, 301	7, 604
3, 214, 678	239, 516	20, 897, 413	31, 926	17, 624, 395
890, 235	5, 401, 879	35, 296	− 7, 485	− 1, 728
2, 576, 091	86, 240	89, 164, 705	81, 694, 073	789, 106
14, 867	3, 615	8, 341	− 318, 296	− 264, 935
8, 523	41, 897	7, 350, 829	9, 270, 845	39, 508, 427
673, 019	9, 586, 204	4, 507	− 69, 370	83, 610
142, 786	70, 293, 651	798, 314	45, 381, 296	− 6, 359
76, 635, 910	578, 420	3, 412, 075	12, 695, 730	− 94, 283, 601
24, 809, 342	2, 410, 387	5, 628	− 20, 154	15, 874
30, 124, 768	23, 165	98, 431	74, 138, 629	10, 742
6, 908, 453	4, 783	53, 289	2, 481	4, 397, 061
42, 657, 109	6, 402	9, 126, 570	− 1, 549, 307	− 642, 593
4, 876	39, 156	789, 134	8, 962	8, 462, 935
89, 325	140, 978	14, 305, 692	− 207, 548	− 9, 105, 872
57, 190	31, 867, 042	6, 750	5, 703	25, 938, 160
5, 412, 687	7, 923, 561	26, 978, 143	− 4, 831, 692	2, 539
9, 534	65, 104, 839	30, 862	6, 702, 148	− 50, 487
7, 901	93, 657, 024	642, 057	956, 037	987, 016

（十一）	（十二）	（十三）	（十四）	（十五）
1, 473, 965. 08	863, 415. 07	71, 294, 568. 30	452, 908. 37	9, 687, 012. 34
9, 823. 76	210, 789. 46	5, 319. 48	94, 861, 327. 05	− 42, 753. 27
45, 286, 710. 39	497, 203. 51	831, 702. 56	3, 541. 62	5, 684. 27
2, 347, 596. 10	70, 386, 514. 92	942, 865. 01	− 5, 960. 73	768, 109. 53
7, 501, 283. 64	6, 102, 798. 43	4, 605, 139. 82	68, 237. 09	60, 924, 573. 18
682, 104. 95	97, 260. 15	31, 740. 65	− 6, 709, 451. 28	− 51, 486. 97
374, 659. 02	2, 368, 541. 09	7, 249, 586. 03	25, 809. 31	95, 867, 210. 43
590, 238. 67	1, 897. 63	670, 193. 84	− 9. 816, 372. 50	− 249, 735. 08
82, 170. 59	53, 974, 026. 18	26, 138, 470. 95	39, 145. 82	350, 846. 72
21, 437, 956. 80	7, 836, 154. 20	42, 856. 07	78, 254, 690. 13	6, 120. 35
19, 328. 46	12, 879. 34	6, 931. 24	4, 186, 732. 90	− 1, 492, 357. 06
8, 401. 93	31, 794, 620. 85	3, 207. 59	− 790, 415. 26	8, 901. 54
74, 695. 01	36, 451. 20	1, 924, 658. 70	83, 542, 096. 71	− 2, 301, 864. 79
5, 382. 47	5, 978. 64	75, 913. 28	− 168, 723. 04	16, 942, 537. 80
94, 826, 017. 53	9, 302. 58	52, 318, 074. 69	7, 154. 86	31, 468. 92

续上表

（十六）	（十七）	（十八）	（十九）	（二十）
140, 296	7, 514	7, 209, 461	50, 243	9, 270, 365
63, 892, 170	254, 360	9, 376, 052	76, 812, 590	36, 149, 807
736, 548	50, 619, 827	514, 973	32, 947, 618	8, 921
41, 926	730, 154	73, 902, 816	− 605, 234	− 1, 702, 456
28, 703	452, 609	387, 504	823, 907	5, 803
73, 485	9, 872	4, 937	− 974, 681	− 94, 870
4, 269	37, 415	5, 920, 168	1, 650, 432	683, 192
859, 071	1, 248, 603	3, 205	− 18, 950	− 91, 207, 654
3, 458	91, 728	541, 793	4, 186	4, 386, 129
410, 692	2, 307, 451	92, 618	− 5, 342	− 7, 564
6, 258, 017	48, 630	41, 783, 502	47, 813, 059	541, 708
90, 763, 584	96, 782	14, 397	53, 794, 861	− 836, 219
58, 401, 936	6, 370, 945	2, 865	− 60, 723	72, 453
52, 710	97, 485, 036	8, 520	2, 509	3, 915, 087
2, 376, 845	5, 169, 287	68, 154, 739	− 3, 497, 816	6, 291
1, 293	82, 703, 491	90, 486	8, 506, 734	− 20, 345
5, 107	19, 825, 063	836, 025	− 7, 128, 095	145, 078
9, 673, 854	691, 278	60, 415, 379	97, 168	45, 863, 912
8, 104, 329	3, 549	29, 641	6, 347	− 70, 536
36, 825, 701	8, 306	1, 768, 250	231, 905	21, 694, 780

说明：1. 加减算 10 分钟，乘算和除算各 5 分钟，共 20 分钟。
2. 加减算、乘算和除算各打对 18 题，为能手一级；各打对 16 题，为能手二级；各打对 14 题，为能手三级；各打对 12 题，为能手四级；加减算打对 10 题，乘算和除算各打对 11 题，为能手五级；加减算打对 8 题，乘算和除算各打对 10 题，为能手六级。

全国珠算技术等级鉴定能手级模拟题

（乘除算各限时 5 分钟，小数题要求保留四位，第五位四舍五入）

乘　算（一）

一	$3,421 \times 6,849 =$
二	$1,027 \times 8,195 =$
三	$4,217 \times 2,036 =$
四	$7,382 \times 5,604 =$
五	$86,905 \times 3,421 =$
六	$65,049 \times 7,382 =$
七	$9,073 \times 29,156 =$
八	$593,074 \times 17,583 =$
九	$5,934 \times 15,068 =$
十	$251,976 \times 82,095 =$
十一	$3,501 \times 687,439 =$
十二	$89,546 \times 340,281 =$
十三	$2.186,5 \times 0.437,1 =$
十四	$1,420.58 \times 0.027,9 =$
十五	$9,647.13 \times 0.047,3 =$
十六	$0.086,2 \times 491.72 =$
十七	$1.726,8 \times 9.075,3 =$
十八	$7.312,8 \times 5.690,4 =$
十九	$0.016,8 \times 9,716.53 =$
二十	$6.583,9 \times 70.486,2 =$

除　算（一）

一	$552,869,268 \div 5,691 =$
二	$482,756,928 \div 5,734 =$
三	$21,133,621 \div 3,407 =$
四	$6,506,682 \div 2,103 =$
五	$538,837,687 \div 9,847 =$
六	$215,844,265 \div 76,895 =$
七	$715,879,048 \div 95,476 =$
八	$635,502,684 \div 89,702 =$
九	$111,703,038 \div 40,857 =$
十	$5,002,339,275 \div 83,025 =$
十一	$700,751,191 \div 147,869 =$
十二	$2,325,551,024 \div 396,784 =$
十三	$110.201,1 \div 1,692 =$
十四	$586.223,2 \div 6,251 =$
十五	$61,086.056,8 \div 6,329 =$
十六	$718.689,1 \div 20.83 =$
十七	$3,189.495,6 \div 740.51 =$
十八	$808.107,3 \div 4,126.35 =$
十九	$1.124,163,62 \div 0.013,2 =$
二十	$0.378,243,53 \div 0.021,8 =$

全国珠算技术等级鉴定能手级模拟题
加 减 算 （二）

限时 10 分钟

（一）	（二）	（三）	（四）	（五）
7, 308. 45	58, 143, 290. 76	5, 901. 64	140, 386. 92	8, 349, 561. 02
13, 246. 08	52, 368. 09	8, 493, 267. 10	75, 639, 042. 18	− 5, 908, 723. 14
640, 957. 21	8, 741. 25	210, 845. 73	− 4, 782, 519. 60	46, 721, 980. 35
79, 810. 64	65, 413, 092. 87	92, 857, 310. 46	54, 836. 79	934, 156. 07
8, 315, 426. 07	725, 386. 01	81, 943, 627. 50	− 639, 407. 51	− 58, 327. 49
84, 597. 32	89, 714. 53	2, 458. 93	3, 872, 159. 40	2, 890. 56
279, 803. 46	41, 920. 86	58, 130. 26	− 2, 104, 368. 97	20, 493, 615. 87
513, 264. 09	9, 527, 638. 04	1, 934, 672. 05	96, 704. 58	− 68, 372. 41
4, 795. 12	890, 174. 32	6, 584. 37	43, 728, 591. 06	271, 089. 53
36, 972, 180. 54	341, 905. 68	758, 109. 62	5, 638. 29	39, 165. 08
9, 531, 642. 80	10, 572, 683. 49	439, 726. 08	− 6, 420. 15	6, 273. 91
1, 608, 975. 23	2, 809, 147. 35	3, 206, 854. 79	27, 951. 04	− 127, 804. 65
43, 792, 081. 65	4, 509. 67	69, 587, 013. 24	1, 863. 72	82, 439, 651. 70
98, 351, 462. 70	1, 752, 863. 90	39, 762. 01	− 827, 195. 03	− 4, 560, 732. 19
6, 579. 31	6, 417. 23	16, 485. 97	71, 963, 240. 85	7, 408. 63
（六）	（七）	（八）	（九）	（十）
830, 942	1, 683	1, 904, 328	60, 935	4, 910, 263
25, 749, 810	963, 520	4, 512, 069	12, 789, 640	15, 834, 702
9, 512, 736	6, 824, 971	72, 863, 154	− 5, 341, 782	− 2, 948
8, 945	79, 105, 348	40, 372	7, 602, 153	90, 536
6, 801	84, 796, 025	752, 096	− 1, 897, 046	836, 017
40, 125, 673	42, 179	83, 541	65, 143, 728	− 752, 984
67, 308, 452	2, 510, 436	9, 723	− 20, 195	19, 365
52, 796, 108	7, 502	8, 127, 960	958, 406	− 5, 486, 071
4, 215, 763	248, 917	20, 386, 514	41, 827	26, 735, 489
38, 429	150, 863	15, 409, 782	− 206, 953	− 8, 109, 362
97, 105	369, 204	571, 603	795, 401	6, 705
5, 367	48, 197	368, 145	3, 872	3, 472, 894
3, 924	51, 368	6, 490, 827	8, 260, 359	− 94, 601, 528
2, 967, 081	37, 250	38, 175, 609	31, 785, 064	368, 107
15, 376	4, 719	3, 451	− 413, 278	275, 849
7, 803, 594	5, 634	94, 238	2, 531	10, 652
764, 018	8, 937, 205	5, 906	− 87, 460	− 4, 710
152, 637	60, 284, 791	683, 415	59, 431, 287	37, 498
380, 249	9, 501, 368	49, 287	− 6, 539	− 1, 623
96, 180	41, 376, 052	7, 690	9, 604	19, 823, 470

191

（十一）	（十二）	（十三）	（十四）	（十五）
470,693.51	2,371.59	510,279.38	7,325,916.40	74,351,620.89
536,208.74	71,650.24	92,180.54	−5,107,842.63	50,768,419.23
2,819,754.03	359,824.01	21,678,453.90	846,703.91	−92,853.76
4,936.81	4,713.58	14,729.63	−253,169.08	3,702.48
84,635,120.97	871,609.42	392,106.45	9,482.56	−86,145.02
918,547.06	6,953,482.07	1,687,435.09	64,307.92	42,835.71
4,369.15	620,137.85	4,927.83	78,352,961.04	−7,531,026.98
78,365,021.49	7,906.43	46,923,048.57	−1,248.35	25,786,491.30
6,981,475.20	10,935,428.76	786,354.02	4,750.19	4,538.61
27,963.85	26,317.98	5,792.68	−8,235,196.70	5,260.94
3,802.79	92,178,560.34	9,601.47	39,486,075.12	2,876,941.05
81,574.02	95,842.06	2,768,543.10	53,691.07	−6,902,358.17
1,402,639.58	5,206,173.89	8,504,297.36	−170,824.65	153,207.49
36,210.47	49,718,065.23	65,293,810.74	97,284.36	−687,194.03
62,891,745.30	1,395,248.60	86,345.01	31,648,570.29	940,385.16

（十六）	（十七）	（十八）	（十九）	（二十）
8,657	91,824	4,760,253	2,540,896	42,601,957
64,120	71,834,095	3,460	6,407	−65,278,130
19,834	7,316	8,791	−718,532	39,276
3,208,967	9,487	67,582	5,981	10,495
95,364,102	3,905	2,153,640	−1,263,074	9,724,031
195,483	40,527,361	428,179	692,704	−3,762
43,802,795	5,910,784	6,358	96,781,523	16,849
5,643,021	83,590	82,139,406	−50,169	482,103
70,159,438	57,136	28,971	81,329,047	−395,627
280,675	1,428	1,607,852	49,178,352	7,610,548
347,012	2,683,509	9,604	40,689	−578,310
7,519,348	572,613	50,824,917	−23,740	84,359,726
82,756	190,248	19,706,325	71,253	−2,106,845
63,109	846,507	931,408	−504,698	4,309
9,843	72,163	482,179	369,701	8,935,267
820,576	6,901,842	76,523	8,235	−1,458
59,376,210	648,950	7,915,046	−4,986	95,287,301
6,915,384	4,257,631	53,248,197	15,326,470	5,672
2,679	36,109,872	70,835	−9,871,325	−60,984
4,201	27,364,059	395,064	3,405,198	284,013

全国珠算技术等级鉴定能手级模拟题

（乘除算各限时 5 分钟，小数题要求保留四位，第五位四舍五入）

	乘　算（二）		除　算（二）
一	$5,834 \times 7,982 =$	一	$260,972,992 \div 3,152 =$
二	$8,031 \times 9,426 =$	二	$320,772,816 \div 3,497 =$
三	$8,341 \times 3,057 =$	三	$23,950,605 \div 5,201 =$
四	$1,593 \times 6,708 =$	四	$34,141,860 \div 6,705 =$
五	$97,206 \times 5,834 =$	五	$315,912,107 \div 9,821 =$
六	$76,082 \times 1,593 =$	六	$101,287,293 \div 14,893 =$
七	$2,015 \times 32,467 =$	七	$120,991,772 \div 93,214 =$
八	$625,018 \times 41,695 =$	八	$127,065,156 \div 85,106 =$
九	$6,258 \times 46,079 =$	九	$128,152,312 \div 20,831 =$
十	$364,217 \times 93,026 =$	十	$3,456,705,131 \div 85,063 =$
十一	$5,604 \times 791,852 =$	十一	$2,285,818,154 \div 594,162 =$
十二	$92,687 \times 580,394 =$	十二	$1,558,471,991 \div 721,849 =$
十三	$3.496,7 \times 0.851,4 =$	十三	$327.805,3 \div 7,496 =$
十四	$4,830.69 \times 0.031,2 =$	十四	$43,121.174,3 \div 4,569 =$
十五	$2,781.45 \times 0.081,5 =$	十五	$444.135,1 \div 4,637 =$
十六	$0.097,3 \times 824.13 =$	十六	$3,182.843,9 \div 60.85 =$
十七	$4.173,9 \times 2.016,5 =$	十七	$301,1,129 \div 120.37 =$
十八	$1.549,3 \times 6.270,8 =$	十八	$2,194.596,4 \div 2,764.53 =$
十九	$0.047,9 \times 2,147.65 =$	十九	$4.849,762,52 \div 0.067,8 =$
二十	$7.695,2 \times 108,973 =$	二十	$6.331,190,85 \div 0.075,6 =$

附录三
全国珠算技术比赛标准模拟题

一、比赛项目

全国正规比赛的项目一般是：加减算、乘算、除算、传票算、账表算五项。比赛时分团体赛、个人全能赛、个人单项赛。个人单项赛是指五个项目中所有参赛人员的每个单独项目的竞赛；个人全能赛是指每个参赛选手，把本人参赛的五个单项成绩加总之和的竞赛；团体赛是指每个参赛单位（代表队）全体选手或指定若干名成绩优秀选手的全能成绩总和的竞赛。

二、评分标准

根据《全国珠算技术比赛规程》的规则，加减算每题正确给14分；乘算每题正确给4分；传票算每题正确给15分；账表算每张横二十题，纵五题、打平正确给200分，其中，每横行正确一题给4分，纵行每正确一题给14分，在横纵均正确的前提下，扎平正确加50分。

三、比赛时间

按五个项目分别进行，均采取定时不定量的方式，每场规定15分钟。

四、错题与扣分规定

1. 答题必须书写整齐、清楚。凡字迹过于潦草，确实无法辨认的作错误论处；一题有两个以上（含两个）的答案作错误论处。

2. 小数点与分节号要有明显的区别，凡属小数点漏点或错点位置的一律作错题论处；分节号漏点或错点位置的一律作错题论处；分节号漏点或错点的每题扣1分。

3. 答案更改要用划线更正法，任意涂改数字的作错题论处。

4. 乘算或除算答案小数部分，凡该舍的不舍，该入的不入，一律不得分。

5. 对跳题者要给予处罚，每跳一题，要倒扣一题分数。

6. 比赛开始或结束的时候，如果抢前或拖后，前后各一题不给分。

单位	姓名	编号

全国珠算比赛标准模拟题

加　减　算

计算	错题	对题	分数	初评	复核

一	二	三	四	五
169, 308. 24	38, 061, 529. 74	7, 148. 34	475, 317. 28	70, 386, 291. 45
47, 603, 281. 45	409, 375. 12	170, 250. 93	53, 207, 916. 84	− 2, 817, 908. 34
6, 302. 89	6, 842. 35	58, 403, 917. 26	8, 294. 15	5, 418. 79
39, 476. 51	42, 367, 810. 93	38, 160. 57	− 286, 139. 57	− 56, 309. 74
31, 920, 758. 46	51, 327. 49	20, 695, 431. 85	17, 560. 89	301, 726. 85
278, 506. 71	5, 237, 908. 16	2, 359, 076. 19	26, 059, 478. 31	96, 075, 821. 34
3, 180, 237. 95	71, 029. 54	547, 290. 83	2, 806, 364. 92	38, 149. 67
97, 086. 54	8, 016, 450. 32	5, 072. 61	− 51, 408. 27	68, 319, 570. 42
9, 2, 371. 68	561, 329. 19	73, 840, 261. 95	3, 970, 862. 18	4, 726. 38
7, 560, 842. 13	8, 074. 62	92, 056. 84	− 62, 349. 05	− 691, 045. 23
2, 751. 49	547, 968. 03	3, 476, 210. 98	− 4, 608, 219. 37	82, 403. 95
574, 960. 31	16, 389, 405. 27	4, 758. 62	304. 96	− 871, 265. 19
19, 407, 385. 67	62, 014. 98	896, 541. 37	− 5, 071, 936. 84	80, 657. 92
92, 650. 84	5, 427, 806. 81	49, 319. 76	58, 319, 024. 76	− 648, 025. 37
6, 104, 825. 39	7, 938. 65	2, 635, 108. 25	4, 706. 13	4, 391, 210. 65

六	七	八	九	十
31. 052	84, 678	98, 403	8, 732. 916	95, 216
27, 053, 894	51, 973, 802	809, 862	− 15, 423	48, 276, 132
98, 156	309, 586	90, 238	3, 108, 574	− 80, 547
361, 508	9, 236, 741	251, 684	− 42, 763	8, 907, 394
5, 079, 269	67, 103	75, 908, 513	308, 651	165, 503
31, 084	2, 874, 012	30, 761	− 5, 689, 103	− 31, 657
504, 139	18, 345	69, 401, 673	98, 924	38, 715
29, 607	609, 851	167, 302	− 80, 672	675, 305
13, 049	37, 248, 509	5, 819, 463	43, 907, 519	− 69, 183
36, 049, 812	93, 024	48, 752	80, 764	907, 824
58, 49	576, 743	14, 563	37, 142, 142	94, 102
786, 293	459, 218	1, 329, 806	1, 723, 586	− 2, 706. 234
41, 672	90, 671, 832	34, 267	26, 905	90, 387, 465
62, 759, 837	50, 216	853, 425	5, 908, 423	− 14, 509
7, 018, 562	406, 785	71, 983	− 54, 709	902, 147
48. 275	39, 502	962, 407	3, 267, 184	8, 650, 982
2, 604, 358	42, 697	70, 154	− 89, 531	548, 736
769, 431	91, 704	5, 906, 421	915, 264	− 29, 583
340, 176	5, 416, 873	59, 208	70, 614	60, 321
57, 402	91, 532	97, 274, 157	− 19, 638, 407	− 70, 629, 814

195

十一	十二	十三	十四	十五
69,350.74	38,061,529.74	57,948.62	895,317.68	8,293.45
47,603,281.95	49,685.02	68,174,150.93	5,207,196.84	817,502.34
6,942.79	7,106,862.35	803,917.25	-10,234.67	60,325,418.79
8,239,476.01	3,271.94	9,738,462.57	2,863.74	-56,809.12
120,758.36	601,327.59	2,301.85	42,317,560.89	49,301,276.85
8,546.71	3,958.41	2,359,076.14	-509,678.21	-9,075,821.34
43,810,237.95	83,671,029.54	26,190.53	1,806,354.79	8,549.62
91,082.34	897,450.32	89,435,072.61	51,409.37	-319,780.46
5,659,310.68	61,532.78	340,276.95	3,906,642.51	9,541,276.08
970,842.13	3,918,074.62	92,053.84	-168,349.05	-79,645.23
6,832,701.49	12,547,968.03	476,210.98	8,021.54	7,612,403.98
74,358.32	1,389,405.61	9,178.06	81,527,304.96	371,265.09
5,402.61	6,514.37	2,086,541.37	-275,936.84	-4,310,657.82
37,19,650.84	527,806.09	4,312.86	9,024.73	48,061.37
610,825.79	70,482.65	29,635,108.24	-9,254,870.13	39,210.65

十六	十七	十八	十九	二十
71,459	84,037	76,598,402	40,753,916	93,234
7,605,194	145,806	19,643	10,479	48,506,139
98,423	29,746	964,237	-316,527	-81,926
369,208	95,268,071	51,082	80,763	907,627
79,032	65,109	5,908,271	-78,504	65,863
67,731,854	794,053	349,716	2,629,103	-4,831,059
64,108	9,618,375	401,853	-903,916	28,701
413,067	49,862	9,816,302	59,472	-675,014
35,609	324,109	89,563	-4,906,528	64,185
3,054,812	93,014	964,712	-30,194	-3,560,927
80,579	89,156,402	14,507	387,582	93,102
45,718,294	4,235,278	529,876	-23,857	25,018,934
41,672	54,832	30,187	3,146,905	931,025
450,837	983,216	74,153,906	70,918,426	-24,739
87,138,592	2,316,785	61,843	52,609	7,835,647
961,205	74,102	218,457	305,198	72,650,483
40,567	408,357	90,2,336	-486,271	-48,526
659,231	63,705	506,328	18,724	294,718
8,230,176	57,109,672	57,201	85,840,641	-80,371
86,392	97,438	98,204,357	63,527	763,514

计算与点钞技能

二十一	二十二	二十三	二十四	二十五
61, 834, 059. 72	4, 196, 502. 89	3, 715, 486. 02	71, 526, 908. 43	253, 637. 49
268, 410. 37	752, 836. 94	63, 651. 47	− 635, 149. 28	9, 183, 052. 67
92, 603. 85	91, 342, 657. 08	97, 104. 28	810, 325. 64	− 7, 410. 95
4, 503, 877. 21	67, 438. 52	80, 526, 739. 41	3, 186, 402. 05	72, 850, 394, 16
785, 120. 63	854. 13	7, 240. 63	− 273, 910. 86	− 680. 23
36, 502, 791, 084	532, 710. 84	951, 706. 83	2, 582. 39	95, 176. 84
5, 723, 489. 16	4, 507. 26	2, 618. 57	9, 207, 435. 62	− 4, 729, 38
18, 654. 27	20, 498. 35	3, 548, 051. 96	− 43, 856. 17	5, 912, 308. 76
296, 087. 35	704. 29	803. 42	62, 051, 437. 98	− 746, 813. 92
4, 680, 951. 23	73, 162, 809. 54	60, 492. 78	− 714, 809. 56	30, 682, 794. 51
104. 79	8, 501, 936. 72	1, 384. 65	4, 603, 598. 71	− 4, 158. 03
8, 275, 691. 34	9, 168. 23	749, 012. 83	− 92, 750. 64	6, 152, 703. 51
9, 740. 81	691. 07	236. 91	354, 092. 17	− 540. 12
390, 415. 26	21, 380, 479. 56	53, 970. 46	− 8, 670. 91	916. 07
57, 603. 49	3, 916. 04	8, 571, 043. 79	57, 284. 03	− 40, 632. 58
	8, 107, 563. 19	892. 05		27, 307, 354. 19
		613. 92		

二十六	二十七	二十八	二十九	三十
				47, 302, 658
781, 854, 906	695, 704, 832	8, 172, 305, 643	56, 472, 189	260, 451, 397
2, 708, 165	2, 516, 493	732, 895	− 615, 802	− 35, 690, 482
376, 594	51, 830, 249	328, 597, 106	2, 739, 654	5, 607, 238, 194
83, 921	9, 302, 184, 576	40, 618, 573	82, 196	− 72, 581, 049
502, 358	863, 209, 145	2, 906. 354	− 1, 495, 278	49, 536
1, 396, 705	652, 734	1, 743, 963	9, 374, 618	− 6, 015, 334
60, 294	76, 514, 908	61, 042	26, 709	180, 937, 245
6, 182, 953	451, 809, 672	5, 698, 072, 431	8, 063, 925	− 28, 129, 467
972. 605, 481	91, 876	79, 426, 583	− 389, 014	83, 691, 706
314, 926	1, 734, 058	901, 675, 824	14, 950, 327	409, 128, 573
5, 390, 472	1, 520, 687, 489	29, 068	− 817, 546	− 7, 851, 962
217, 489	2, 734, 805	417, 305	93, 071	6, 195, 043, 827
61, 534, 807	36, 028, 714	2, 185, 709, 439	− 6, 574, 809	581, 703
790, 528	729, 810, 361	19, 026	59, 614	
8, 032, 475		420, 521, 798	− 708, 243	
48, 365			95, 330, 712	
24, 391, 706			536, 018	

197

三十一	三十二	三十三	三十四	三十五
712, 862. 79	530, 079. 68	6, 152, 907. 43	71, 592, 048. 63	702, 594. 38
148, 350. 68	80, 926. 31	25, 603, 481. 97	- 8, 305, 216. 48	5, 197, 486. 32
4, 726. 37	319. 42	36, 850. 24	53, 074. 29	- 9, 504. 17
896, 301. 54	680. 17	861, 934. 02	- 839, 257. 14	18, 736. 54
720. 91	1, 548. 06	4, 872. 16	2, 910, 54	2, 518, 36
198, 436. 56	492. 37	910, 845. 37	7, 501, 348. 62	- 709, 143, 85
912. 53	29, 814. 05	1, 507, 583. 92	- 6, 194. 58	609, 74
381, 425. 97	7, 429. 58	74, 135, 06	67, 039, 258. 14	- 27, 301. 69
39, 547. 06	294. 12	592, 740. 18	- 6, 480, 725. 93	8, 409, 653. 17
8, 609. 41	83, 509. 34	9, 824. 07	971. 06	- 7, 826. 45
571. 02	730. 18	4, 632, 159. 78	83, 609. 75	712. 08
4, 130, 265. 89	6, 571. 62	75, 396. 24	38, 620, 714. 29	- 392, 470. 86
74, 630. 25	925. 81	831, 405. 92	960. 51	53, 692. 41
49, 302, 685. 52	450, 879, 46	2, 605, 971, 63	- 481. 36	5, 901, 632. 59
7, 540. 68	107. 63	7, 051, 693. 78		- 812. 06
9, 402, 638. 52	3, 674. 25			2, 038. 74
817. 09	203. 58			- 5, 194, 820. 63
	40, 695. 723			
	762. 03			
	58, 471. 93			

三十六	三十七	三十八	三十九	四十
2, 496, 710, 853	862, 407, 305	615, 903, 387	7, 530, 841, 296	632, 941, 507
67, 294, 186	6, 371, 529, 048	267, 135	71, 906, 842	386, 249
4, 958, 263	746, 921	57, 931, 842	- 658, 417, 903	- 73, 189, 065
802, 381, 754	57, 962, 417	85, 269	9, 047, 835	4, 206, 815, 793
61, 492, 035	738, 056, 296	1, 290, 534	- 24, 531, 687	58, 104
263, 479	5, 832, 041	845, 704	850, 913	- 7, 594, 681
750, 138, 962	590, 683	46, 357, 261	538, 169, 402	592, 608, 472
17, 260, 538	4, 207, 168, 359	27, 542	- 3, 752, 861	63, 592
4, 071, 925	76, 205, 814	6, 840, 397	63, 604, 258	719, 205
260, 954, 183	436, 072	619, 082	5, 729, 085, 143	3, 061, 274, 589
5, 974, 861, 052	940, 587, 126	3, 426, 109	- 30, 726, 912	- 8, 409, 127
96, 307	28, 391	40, 627	9, 380, 257	54, 268
38, 630, 514	8, 531, 906, 274	584, 092	- 726, 931, 084	- 217, 463, 597
2, 184, 903	94, 157	38, 292	96, 271	204, 831
947, 083, 176	8, 413, 705	158, 471, 063	- 574, 039, 614	- 61, 830, 844
	90, 813	180, 437		3, 590, 217, 786
		80, 571, 694		
		6, 718, 905		

单位	姓名	考号

全国珠算比赛标准模拟题

乘　算（一）

计算	错题	对题	分数	初评	复核

小数题的积数保留两位小数，前 60 题保留两位小数，后 60 题保留四位小数

1	$604 \times 84,073 =$	31	$42,309 \times 36.857 =$
2	$95,248 \times 408 =$	32	$743,516 \times 1,305 =$
3	$17.95 \times 75.24 =$	33	$50.36 \times 4,109.32 =$
4	$324.78 \times 2.08 =$	34	$6,398.51 \times 27.65 =$
5	$5.04 \times 931.57 =$	35	$756.8 \times 34.791,5 =$
6	$4,802 \times 79,304 =$	36	$840,652 \times 91,268 =$
7	$12,586 \times 2,086 =$	37	$13,052 \times 284,109 =$
8	$3,614 \times 684.31 =$	38	$406.972,3 \times 672.1 =$
9	$542.37 \times 86.04 =$	39	$74.29 \times 65,798.43 =$
19	$70.92 \times 863.72 =$	40	$85.193,4 \times 3,871.2 =$
11	$31,298 \times 47,039 =$	41	$506 \times 27,035 =$
12	$519,682 \times 2,876 =$	42	$31,459 \times 104 =$
13	$92.63 \times 6,051.82 =$	43	$4,967 \times 50.96 =$
14	$16.502,9 \times 1,957 =$	44	$7.839,4 \times 90.1 =$
15	$6.402 \times 9,480.16 =$	45	$6.04 \times 8,470. =$
16	$564,072 \times 37,019 =$	46	$9,802 \times 84,096 =$
17	$86,917 \times 705.289 =$	47	$18,546 \times 2,719 =$
18	$249.871,6 \times 415.7 =$	48	$78.05 \times 670.38 =$
19	$278.9 \times 716.523,4 =$	49	$437.15 \times 54.69 =$
20	$0.138,406 \qquad \times$	50	$30.58 \times 238.69 =$
21	$8,502.3 =$	51	$85,493 \times 57,193 =$
22	$601 \times 36,982 =$	52	$765,832 \times 1,369 =$
23	$94,713 \times 409 =$	53	$97.01 \times 4,701.95 =$
24	$59.46 \times 89.37 =$	54	$6,421.59 \times 32.74 =$
25	$572.09 \times 30.1 =$	55	$95.68 \times 8,045.12 =$
26	$20.5 \times 479.38 =$	56	$125,386 \times 71,365 =$
27	$9,741 \times 78.059 =$	57	$50,492 \times 416,205 =$
28	$63,784 \times 1,028 =$	58	$2,367.591 \times 312.8 =$
29	$915.8 \times 8.249,5 =$	59	$69.38 \times 20,375.68 =$
30	$5.108,7 \times 630.1 =$	60	$40.195,6 \times 5,081.9 =$
	$187.6 \times 214.69 =$		

199

61	$203 \times 85,764 =$	91	$47,501 \times 95,467 =$
62	$43,567 \times 508 =$	92	$196,357 \times 2,789 =$
63	$91.78 \times 0.726,1 =$	93	$72.63 \times 61.704,2 =$
64	$3.874 \times 0.605 =$	94	$5.196,02 \times 860.2 =$
65	$10.8 \times 0.269,78 =$	95	$39.78 \times 49.603,8 =$
66	$7,345 \times 56,048 =$	96	$510,462 \times 15,287 =$
67	$95,068 \times 3,926 =$	97	$27,409 \times 482,756 =$
68	$61.05 \times 1.475,3 =$	98	$6.470,321 \times 32.06 =$
69	$4.127,9 \times 83.41 =$	99	$0.743,8 \times 876.932,4 =$
70	$27.08 \times 7.324,9 =$	100	$9.702,64 \times 539.07 =$
71	$91,762 \times 36,287 =$	101	$903 \times 14,762 =$
72	$876,095 \times 4,987 =$	102	$84,021 \times 304 =$
73	$57.89 \times 70.352,6 =$	103	$78.93 \times 0.065,07 =$
74	$1.920,36 \times 674.1 =$	104	$4.516,3 \times 5.04 =$
75	$29.48 \times 96.785,4 =$	105	$20.5 \times 0.906,53 =$
76	$640,712 \times 81,742 =$	106	$1,896 \times 51,392 =$
77	$58,746 \times 391,045 =$	107	$34,059 \times 2,046 =$
78	$7.426,503 \times 139.5 =$	108	$65.24 \times 7.904,1 =$
79	$95.27 \times 45.132,69 =$	109	$8.042,7 \times 95.16 =$
80	$2.013,85 \times 682.41 =$	110	$45.21 \times 1.479,5 =$
81	$105 \times 82,596 =$	111	$62,058 \times 24,702 =$
82	$37,218 \times 904 =$	112	$583,179 \times 7,646 =$
83	$71.48 \times 0.487,3 =$	112	$371.4 \times 18.093,7 =$
84	$6.374,5 \times 5.03 =$	114	$47.168,3 \times 95.37 =$
85	$20.3 \times 0.120,37 =$	115	$85.29 \times 67.180,2 =$
86	$9,271 \times 57,093 =$	116	$869,704 \times 28,453 =$
87	$62,083 \times 7,406 =$	117	$17,928 \times 916.704 =$
88	$85,06 \times 4.890,6 =$	118	$6.412,985 \times 78.14 =$
89	$2.701,4 \times 36.29 =$	119	$43.97 \times 39.208,54 =$
90	$10.27 \times 9.045,2 =$	120	$0.157,689 \times 853.09 =$

200

计算与点钞技能

单位	姓名	考号	**全国珠算比赛标准模拟题**		计算	错题	对题	分数	初评	复核
			除　算（一）							

小数题的商数，前 60 题保留两位小数，后 60 题保留四位小数

1	277. 126, 2 ÷ 8. 47 =	31	839. 952, 056 ÷ 9. 847, 6 =
2	3, 530, 538 ÷ 726 =	32	395, 757. 813 ÷ 46. 013 =
3	1, 508. 148 ÷ 234. 9 =	33	6, 064. 232, 7 ÷ 17. 03 =
4	514. 461, 7 ÷ 5. 28 =	34	824. 013, 649 ÷ 8. 402, 7 =
5	636. 920, 4 ÷ 69. 43 =	35	43, 728. 802 ÷ 52. 71 =
6	71. 507, 044 ÷ 0. 951, 8 =	36	178, 593. 937, 1 ÷ 936. 82 =
7	68, 875, 029 ÷ 783 =	37	856, 211, 496 ÷ 5, 901 =
8	1, 985. 624, 2 ÷ 210. 96 =	38	825, 444, 562 ÷ 32. 481, 9 =
9	691. 605, 9 ÷ 1. 08 =	39	382, 120. 579, 3 ÷ 45. 28 =
10	693. 313, 2 ÷ 497. 08 =	40	224, 273. 567, 7 ÷ 183. 74 =
11	277. 226, 266 ÷ 6. 703, 1 =	41	724. 306 ÷ 9. 86 =
12	498, 659, 369 ÷ 58, 207 =	42	5, 472. 621 ÷ 583 =
13	10, 606. 363, 1 ÷ 83. 95 =	43	489. 498, 2 ÷ 57. 64 =
14	8, 971. 921, 9 ÷ 150. 46 =	44	4. 092, 16 ÷ 0. 093, 6 =
15	7, 947. 161, 3 ÷ 13. 02 =	45	4. 861, 846 ÷ 0. 790, 2 =
16	461, 329. 619, 8 ÷ 796. 58 =	46	1, 794. 424, 1 ÷ 19. 26 =
17	4, 238, 006, 982 ÷ 7, 194 =	47	39, 342, 429 ÷ 567 =
18	6, 210. 332, 903 ÷ 98. 607, 4 =	48	2, 522. 125, 9 ÷ 259. 17 =
19	100, 037. 447 ÷ 21. 74 =	49	688. 610, 9 ÷ 1. 36 =
20	783. 127, 055 ÷ 62. 794, 3 =	50	24. 602, 806 ÷ 7. 806, 4 =
21	416. 649, 8 ÷ 6. 75 =	51	79, 803. 655 ÷ 830. 19 =
22	6, 230, 112 ÷ 762 =	52	686, 201, 819 ÷ 95, 023 =
23	129. 637, 5 ÷ 27. 06 =	53	7, 013. 066, 1 ÷ 24. 09 =
24	491. 959, 6 ÷ 9. 43 =	54	558. 652, 473 ÷ 9. 147 =
25	321. 043, 3 ÷ 67. 13 =	55	31, 298. 626, 5 ÷ 54. 83 =
26	3, 459. 138, 2 ÷ 35. 24 =	56	129, 518. 585, 1 ÷ 135. 97 =
27	93, 285, 792 ÷ 819 =	57	2, 842, 454, 655 ÷ 6, 207 =
28	8, 990. 490, 8 ÷ 942. 08 =	58	42, 659, 411. 45 ÷ 624, 379 =
29	3, 888. 523, 1 ÷ 7. 31 =	59	121, 188. 809, 2 ÷ 62. 94 =
30	28. 580, 014 ÷ 4. 786, 9 =	60	222. 856, 993 ÷ 17. 045, 8 =

201

61	3. 101, 565 ÷ 5. 76 =	91	8. 310, 839, 02 ÷ 9. 805, 3 =
62	0. 029, 970, 94 ÷ 0. 361, 5 =	92	115, 740, 027 ÷ 42. 09 =
63	3, 507, 906 ÷ 382 =	93	177, 338. 079 ÷ 98, 031 =
64	6. 602, 357 ÷ 73. 24 =	94	4. 097, 346, 63 ÷ 0. 750, 3 =
65	1. 368, 728 ÷ 1. 97 =	95	139. 002, 542 ÷ 160. 89 =
66	16. 873, 263 ÷ 31. 82 =	96	5, 558. 856, 624 ÷ 952. 74 =
67	0. 442, 128, 03 ÷ 9. 780, 1 =	97	87. 174, 798, 37 ÷ 97. 604, 1 =
68	8, 711, 558 ÷ 142 =	98	995, 962, 008 ÷ 2, 308 =
69	0. 460, 993, 36 ÷ 5. 243, 8 =	99	72. 007, 995, 03 ÷ 82. 796, 1 =
70	19. 520, 873 ÷ 3. 74 =	100	5, 077. 814, 542, 3 ÷ 67. 48 =
71	1. 381, 906, 2 ÷ 2. 901, 6 =	101	2. 216, 318 ÷ 6. 32 =
72	401. 684, 808 ÷ 59. 06 =	102	3. 504, 141 ÷ 53. 71 =
73	207, 859, 269 ÷ 39, 167 =	103	5, 126. 653 ÷ 617 =
74	108. 914, 818 ÷ 16. 04 =	104	5. 746, 056 ÷ 94. 28 =
75	4. 365, 259, 85 ÷ 7. 509, 8 =	105	4. 433, 465 ÷ 5. 94 =
76	950. 576, 188, 7 ÷ 268. 51 =	106	24. 274, 315 ÷ 43. 27 =
77	16. 777, 953, 2 ÷ 26. 809, 7 =	107	6. 950, 933 ÷ 635. 79 =
78	5, 455, 484, 842 ÷ 5, 608 =	108	53, 168, 778 ÷ 897 =
79	1, 988. 409, 433 ÷ 918. 32 =	109	5. 757, 706 ÷ 290. 14 =
80	954. 546, 131 ÷ 38. 95 =	110	26. 984, 863 ÷ 6. 45 =
81	4. 308, 933, 4 ÷ 5. 12 =	111	749. 863, 407 ÷ 976. 15 =
82	8. 405, 838 ÷ 93. 05 =	112	560. 872, 605 ÷ 65. 43 =
83	7, 189, 030 ÷ 785 =	113	211, 744, 946 ÷ 28, 591 =
84	1. 347, 121 ÷ 15. 94 =	114	217. 140, 626 ÷ 25. 03 =
85	4. 851, 37 ÷ 19. 5 =	115	5. 139, 862, 25 ÷ 9. 106, 8 =
86	88. 529, 51 ÷ 92. 46 =	116	3, 844. 986, 022 ÷ 714. 92 =
87	8. 300, 057 ÷ 147. 36 =	117	63. 449, 033, 16 ÷ 91. 762, 3 =
88	11, 897, 394 ÷ 438 =	118	1, 035, 392, 036 ÷ 1, 756 =
89	3. 464, 276 ÷ 128. 65 =	119	12. 170, 596, 56 ÷ 97. 648, 5 =
90	4. 943, 297 ÷ 1. 73 =	120	1, 312. 760, 644 ÷ 85. 10 =

全国珠算比赛传票试题

题号	起止页数	行号	答　数	题号	起止页数	行号	答　数
1	3 – 22	一		21	28 – 47	一	
2	11 – 30	三		22	51 – 70	五	
3	15 – 34	四		23	23 – 42	四	
4	20 – 39	二		24	19 – 38	三	
5	26 – 45	五		25	43 – 62	二	
6	30 – 49	四		26	13 – 32	一	
7	33 – 52	一		27	35 – 54	五	
8	56 – 75	二		28	67 – 86	四	
9	44 – 63	五		29	50 – 69	一	
10	70 – 89	二		30	12 – 31	二	
11	55 – 74	一		31	52 – 71	五	
12	64 – 83	四		32	9 – 28	四	
13	22 – 41	三		33	10 – 29	三	
14	72 – 91	五		34	47 – 66	一	
15	58 – 77	四		35	25 – 44	二	
16	81 – 100	一		36	61 – 80	五	
17	65 – 84	三		37	59 – 78	四	
18	48 – 67	二		38	37 – 56	三	
19	7 – 26	四		39	54 – 73	二	
20	21 – 40	五		40	17 – 36	五	

203

编号＿＿＿＿＿＿

姓名＿＿＿＿＿＿　　　账表算（一）

折线＿＿＿＿＿＿

纵对题	横对题	轧平对题	分数	评分	复核

行次	一	二	三	四	五	小　计
一	3,482	45,106	605,713	3,421,098	28,401,635	
二	710,859	6,907,813	54,096,871	57,362	6,873	
三	51,067,346	3,528	90,183	701,845	-5,689,342	
四	64,105	54,718,903	8,231,906	5,697	240,819,	
五	8,607,931	250,719	4,865	43,051,268	97,483	
六	428,693	94,362	79,312,058	-8,246,736	3,295	
七	70,815,324	4,697	924,657	41,093	6,025,741	
八	2,947	68,021,743	3,806,415	720,619	68,014	
九	60,814	6,798,102	7,326	95,027,481	350,871	
十	3,509,167	347,825	50,174	7,235	70,431,259	
十一	671,208	45,738	6,827	80,421,596	3,104,526	
十二	25,048,671	4,823	732,549	4,301,758	76,493	
十三	8,019	60,153,984	8,324,071	48,362	594,378	
十四	43,526	5,340,812	90,714,835	329,106	6,532	
十五	5,910,243	715,906	72,964	8,937	67,051,289	
十六	5,968	58,079,261	6,240,519	60,415	820,714	
十七	732,689	6,423	26,908,173	-6,071,854	68,397	
十八	40,891,752	915,076	42,596	4,927	-5,761,402	
十九	6,493,827	83,629	4,683	529,368	61,208,579	
二十	49,576	5,107,932	381,059	29,178,053	6,091	
小计						

计算与点钞技能

账表算（二）

纵对题	横对题	轧平对题	分数	评分	复核

行次	一	二	三	四	五	小　计
一	7,214,903	42,603	617,298	8,567	48,016,598	
二	809,526	56,491,738	7,358,024	69,401	6,271	
三	10,682,347	7,925,136	2,356	9,820,316	89,457	
四	9,854	6,185	94,701	23,794,861	752,308	
五	61,637	95,640,732	41,320,871	-923,678	3,102,849	
六	2,438	2,981	52,716	409,871	-9,460,715	
七	951,476	69,053	5,401,932	17,325,064	67,082	
八	2,490,815	248,671	39,714,086	3,721	234,857	
九	65,407	5,023,784	6,195	3,890,413	41,062,739	
十	49,206,837	14,239	740,268	75,968	1,974	
十一	3,057	450,167	8,079,421	69,185	75,260,198	
十二	58,472,691	48,319,205	78,306	-3,072	1,795,423	
十三	7,091,835	3,972	421,875	95,326	6,047	
十四	86,124	6,018,537	95,873,604	2,407,615	502,913	
十五	639,042	759,318	3,125	37,810,549	97,684	
十六	68,920,451	2,930,675	4,689,302	72,076	6,397	
十七	73,918	9,087	89,205,674	6,543	701,268	
十八	341,502	86,719,452	54,286	82,917,653	-3,470,681	
十九	6,307,954	42,106	2,138	402,791	45,062	
二十	7,286		715,093	2,645,708	38,594,217	
小计						

账表算（三）

行次	一	二	三	四	五	小　计
一	92,875	2,716,938	49,052,173	7,604	930,124	
二	67,093,128	930,125	57,861	9,306,253	7,495	
三	7,463	14,706	985,126	53,970,124	3,501,789	
四	8,506,714	80,479,625	7,042	−618,397	46,132	
五	418,072	3,218	8,946,705	31,569	24,750,896	
六	31,069,745	7,684	672,158	85,093	−1,327,106	
七	5,412	6,753,901	27,063	419,628	35,094,278	
八	235,806	49,853	3,705,196	26,849,307	9,147	
九	14,297	57,849,631	1,235	3,781,046	769,035	
十	9,853,067	917,206	74,980,164	4,271	14,593	
十一	4,623	12,497	2,836,071	79,401,862	657,409	
十二	72,904	28,137,056	897,642	6,054	4,935,826	
十三	5,276,308	7,903	65,194	426,987	84,601,735	
十四	859,342	4,125,896	19,048,375	97,046	7,081	
十五	30,814,597	967,085	9,203	−6,159,732	52,943	
十六	641,802	4,705,392	5,361	78,145	13,805,694	
十七	47,506,382	61,289	436,107	1,067	4,913,857	
十八	97,561	75,398,604	3,924,718	403,582	3,076	
十九	7,398,146	8,157	60,853	95,740,612	−780,912	
二十	17,092	240,738	17,465,029	2,839,671	24,531	
小计						

计算与点钞技能

■后记

　　本书由刘彩珍担任主编，杜锦平、孙鹏担任副主编。编写分工如下（以章顺序为序）：周志坚（第一章、第二章）；杜锦平（第三章、第九章）；孙鹏（第四章、第十章）；刘彩珍（第五章）；刘玉芳（第六章）；刘晓红（第七章）；李素芳（第八章）；季秀杰（第十一章）。全书由江西师范大学财政金融学院刘彩珍高级讲师总纂并修改，江西金融职工大学邱运楷教授审定。在编写过程中得到了中国人民银行总行信息教材处的大力支持。

编　者